Saber Horrível

ARTE ATROZ

MICHAEL COX

Ilustrado por
Philip Reeve

MELHORAMENTOS

Dados Internacionais de Catalogação na Publicação (CIP)
(Câmara Brasileira do Livro, SP, Brasil)

Cox, Michael
Arte atroz / Michael Cox ; [tradução de Antonio Carlos Vilela] ; ilustrado por Philip Reeve. – São Paulo : Editora Melhoramentos, 2005. – (Saber Horrível)

Título original: *Awful Art*.
ISBN 85-06-04567-3

1. Arte – História – Literatura infantojuvenil
I. Reeve, Philip. II. Título. III. Série.

05-3835 CDD-028.5

Índices para catálogo sistemático:

1. Arte : História : Literatura infantojuvenil 028.5
2. Arte : História : Literatura juvenil 028.5

Edição revisada conforme o Acordo Ortográfico da Língua Portuguesa

Título original em inglês: *Awful Art*
Tradução de Antonio Carlos Vilela
Diagramação: Carlos Magno

Publicado originalmente por Scholastic Ltd., Inglaterra, 1997

2.ª edição, dezembro de 2011
ISBN: 978-85-06-04567-1
ISBN: 978-85-06-00362-6 (N.O.)

Atendimento ao consumidor:
Caixa Postal 11541 – CEP 05049-970
São Paulo – SP – Brasil
Tel.: (11) 3874-0880
www.editoramelhoramentos.com.br
sac@melhoramentos.com.br

Impresso no Brasil

Sumário

MINHA NOSSA! AGORA ROUBARAM O PEDAÇO DE PAREDE ONDE A MONA LISA FICAVA!

Michael Cox queria ser Van Gogh quando criança, mas seu professor lhe disse que não era possível, pois Michael tinha orelhas demais. Ele cresceu e, quando não está viajando em emocionantes missões, com as despesas pagas pela editora, para descobrir fatos históricos na biblioteca local, passa seu tempo na casa de Nottinghamshire, Inglaterra, com seis galinhas, dois gatos e alguns adultos que afirmam ser a família dele. Além de escrever livros, Michael leciona e pinta quadros de coisas como ovelhas e árvores.

Philip Reeve costumava fazer filmes caseiros de ficção científica, até que seus amigos se encheram de ficar correndo pelo quintal com chapéus de cartolina. Philip então achou que ilustrar livros seria mais fácil, e é o que ele faz há dois anos. Hoje ele mora em Brighton, Inglaterra, e no seu tempo livre escreve livros que ninguém quer ler e peças que ninguém quer assistir. Suas ambições para o futuro incluem escrever livros que as pessoas *queiram* ler e peças que as pessoas *queiram* assistir.

INTRODUÇÃO

Você já reparou naquelas horríveis manchas multicoloridas na gravata do seu professor e se perguntou...

Arte é atroz, não é mesmo? Às vezes ela pode ser confusa, irritante, espantosa, horrível e... bem... incrivelmente esquisita! Eventualmente ela também pode ser absolutamente repulsiva (assim, não leia este livro se você se escandaliza facilmente ou se for adulto). Por outro lado, arte quase sempre é muito divertida, empolgante e interessante!

Em pesquisa recente, muitos jovens declararam preferir arte a diversas outras formas conhecidas de tortura em sala de aula. E, numa discussão sobre arte, esses mesmos jovens declararam que gostariam de saber mais sobre esse fascinante assunto. Alguns até mesmo fizeram perguntas instigantes, como: "Quem foram os primeiros artistas? Para que serve a arte? Como saber se algo é arte de verdade? Como são os artistas de verdade?" e "Podemos ir para casa agora?".

Um ou dois admitiram desconhecer a história da arte...

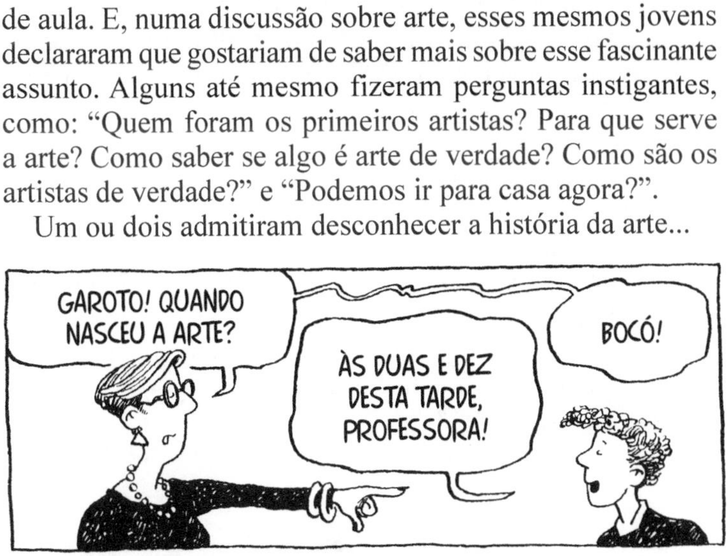

Este livro vai responder perguntas como essas. E também vai contar outras coisas horrivelmente interessantes sobre arte. Por exemplo...

- **Como** o famoso artista Pablo Picasso ficou decepcionado com uma linguiça.
- **Por que** o escultor Joseph Nollekins raramente trocava suas cuecas.
- **O que** o artista Marc Quinn fez com quatro litros de seu próprio sangue e...
- **Onde** o pintor A. L. Girodet escondia suas velas enquanto estava pintando.

Isso pode ajudá-lo a descobrir se você é ou não o tipo certo de pessoa para se tornar um artista... além de mostrar por que alguns artistas alcançam as alturas da fama e da fortuna enquanto outros descem às profundezas da dor e da miséria.

Se tentássemos contar TODAS as coisas incrivelmente interessantes que há para saber sobre arte, este livro seria do tamanho de um prédio – e pode ser que não conseguíssemos fazê-lo passar pela porta da livraria. Então, tivemos de deixar milhares de histórias de fora. Ainda assim, conseguimos incluir:

- Fatos impressionantes sobre arte, tão antigos que nem a diretora da sua escola vai se lembrar!
- Coisas sobre arte que são tão novas (e esquisitas!) que provavelmente nem as pessoas que apresentam notícias na TV sabem sobre elas.

- Histórias sobre artistas cuja obra era tão aterrorizadora e chocante que provocou tumultos.
- Histórias fantásticas de fraudadores, descobertas fabulosas, talentosos angustiados, agoniados sem talento e gênios de verdade.
- A entrevista de uma maçã.

Então, se você quer descobrir que artista gostava de usar rolos de papel higiênico como bloco de desenho, quem pintava o cabelo com graxa de sapato e quem quis enfiar dinamite no traseiro de um pato, continue lendo!

Espero que você ache tudo isso atrozmente interessante!

COMO FOI O ESPANTOSO INÍCIO DA ARTE

Local: Uma caverna em algum lugar da França
Data: 30 mil anos atrás

Papai Homo Sapiens arrotou ruidosamente e depois limpou suas mãos na minissaia de pele de bisão da Mamãe Homo Sapiens.

– Hummm, que delícia de mamute, querida – ele disse. – Tão suculento, tão macio! Eu acho que não há nada melhor que a variedade selvagem. Precisa de um pouco de estímulo para fazê-los pular no precipício, mas, afinal, vale muito a pena.

– Mas, papai! – protestou Artur Homo Sapiens, o mais jovem e mais inteligente dos 23 filhos de Mamãe e Papai Homo Sapiens. – Todos os mamutes são selvagens! Eles vão aonde querem. É por isso que temos de caçá-los dessa forma, arriscando nossa segurança pessoal.

– É mesmo? – perguntou Papai Homo Sapiens, confuso, coçando seu crânio de gorila.

– Claro que sim! – disse Artur, que geralmente era considerado um fracote inútil pelo restante da família. Ele fez uma pausa para refletir, depois continuou: – Embora eu tenha certeza de que vai chegar uma hora em que existirão fazendas de mamutes, de onde sairão cortes selecionados e pré-embalados de filés de mamute, que estarão disponíveis em mercados especializados... mas não será em nosso tempo, papai!

As grossas sobrancelhas de Papai Homo Sapiens projetaram-se ainda mais sobre seus olhos arregalados, enquanto ele ouvia seu filho inteligente falar.

– Nunca pensei nisso antes – ele disse, e depois engoliu um gigantesco piolho que tentava se esconder em seu peito cabeludo.

– Não pensou porque seu cérebro não é tão grande quanto o meu – afirmou Artur. – Sou seu filho, portanto, estou mais adiantado do que você na árvore da evolução.

– Não estamos numa árvore... estamos numa caverna! – respondeu Papai Homo Sapiens, sentindo-se ainda mais confuso.

– Que bobão paleolítico! – Artur murmurou, com seu bafo malcheiroso.

– Não seja tão esnobe com seu pai, seu cro-magnon sabichão! – exclamou Mamãe Homo Sapiens, dando uma forte pancada em Artur com um fêmur de cervo gigante. – Você está ficando muito grande para seus mocassins de hipopótamo, ah, está! Só por causa disso pode arrumar as coisas do jantar enquanto a gente se acomoda para olhar o fogo nesta agradável noite.

O restante do clã de Homo Sapiens afastou-se da área de alimentação e reuniu-se ao redor da fogueira, deixando toda a bagunça para Artur arrumar. Rapidamente, todos se deixaram absorver pelo bruxulear crepitante do fogo, rosnando de satisfação sempre que pensavam ver um rosto familiar em meio às chamas.

Enquanto isso, no outro extremo da caverna, Artur, um rapaz inteligente e sensível, começou a ficar entediado com a arrumação. Ele agarrou um osso de mamute chamuscado e, com ele, passou a rabiscar, furiosamente, a parede da caverna. Logo começou a sentir prazer na sua atividade e percebeu que aquela era a forma perfeita de expressar suas frustrações por ser tão incompreendido e menosprezado por sua família inculta.

Depois de meia hora, mais ou menos...

– O que será que aquele garoto está fazendo? – perguntou Mamãe Homo Sapiens. – Nem mesmo ele pode demorar tanto para jogar fora alguns ossos e cartilagens de mamute! Vou ver o que está acontecendo.

Ela se arrastou até onde o filho estava para ver o que Artur fazia, mas, ao se aproximar, viu algo que fez os pelos de sua nuca ficar de pé. Ela começou a tremer de medo. Alertado por suas exclamações de terror, o restante da família olhou na direção do jovem Artur, e, momentos depois, todos se encolhiam num canto da caverna, resmungando expressões de medo diante daquela visão espantosa!

De alguma forma, enquanto todos estavam ocupados admirando o fogo, uma enorme manada de mamutes peludos tinha entrado na caverna! Os animais enormes pulavam e rodeavam Artur, que permanecia sentado ali, completamente calmo, segurando uma coxa!

Papai Homo Sapiens foi o primeiro a falar:

– Po-po-ponha essas criaturas para fora, Art-Artur! – ele gaguejou. – Antes que elas nos matem pisoteados!

– Está tudo bem, papai, elas não são reais – disse Artur – Fui eu que fiz.

– Claro que são reais! Eu posso vê-las! – gritou Papai Homo Sapiens. – Elas têm presas e quatro patas e todas as outras partes, então têm de ser reais! Peguem as lanças e matem esses animais antes que eles nos ataquem!

Mamãe Homo Sapiens observou, intrigada, os enormes animais e, de repente, percebeu que aquilo não era o que parecia.

– Espere um pouco... acalme-se, seu Neandertal patife! – ela disse para seu trêmulo companheiro. Então, voltando-se para o filho, perguntou: – Tudo bem, Art, se eles não são reais, de onde vieram?

– Eu já disse! Eu os criei... com isto! – Artur respondeu, mostrando o osso de mamute enegrecido pelo fogo. – Vejam, é fácil. Eu vou mostrar.

Artur fez diversos riscos com o osso chamuscado, e, como num passe de mágica, outro mamute galopante apareceu na parede da caverna. Toda a família recuou dois passos e engoliu em seco. Mamãe Homo Sapiens, agitada, olhou para seu marido e perguntou:

– Você sabe o que significa isso, não sabe?

– Claro que sim! – respondeu o trêmulo Papai Homo Sapiens. – Se ele não parar logo com isso, nós vamos ficar soterrados por cocô de mamute.

– Não, seu cabeça-dura paleolítico! – disse a mãe. – É nosso filho, nosso Art. Ele tem poderes mágicos. Ele faz mamutes aparecer do nada!

Com uma expressão de respeito e admiração no rosto, ela sorriu para o filho, que estava todo satisfeito, e perguntou:

– Você também pode fazer rinocerontes peludos, Art?

– Não tenho certeza, mamãe – respondeu Artur –, mas vou tentar.

O talento de Artur para fazer animais que pareciam galopar pelas paredes da caverna aprimorou-se cada vez mais. Ele até mesmo aprendeu a colorir suas criações, tornando-as mais realistas e assustadoras que nunca!

Os anciãos da tribo ficaram tão impressionados com os poderes mágicos de Artur que decidiram lhe dar uma caverna própria, onde ele poderia conjurar ursos, bisões e mamutes peludos à vontade. Rapidamente, sua caverna, conhecida como a Galeria de Art, ficou cheia de imagens lindas e aterradoras de criaturas apetitosas, mas ferozes, das quais a tribo de Homo Sapiens dependia para sobreviver.

As notícias sobre o tremendo talento de Art se espalharam pelo mundo. Mães e pais da Idade da Pedra Lascada começaram a levar seus filhos para a galeria, para que pudessem admirar as criações de Art e talvez aprender algo sobre os animais selvagens que um dia teriam de enfrentar "mão-a-pata" e – com sorte – transformá-los em jantar. Enquanto as crianças cro-magnons observavam maravilhadas as imagens, seus pais diziam:

– Estas são as magníficas obras de Art. Não são lindas? Art tem poderes especiais e deve sempre ser tratado com grande reverência!

Foi assim que Art passou a ser respeitado, desempenhando um papel importante e útil na sociedade pré-histórica.

A grande aventura de Robô

LOCAL: O mesmo lugar da França
DATA: 30 mil anos depois... SETEMBRO DE 1940

ELE ENTROU NUMA GRANDE E ESCURA CÂMARA SUBTERRÂNEA. ALGO ÚMIDO E PEGAJOSO TOCOU AS COSTAS DA SUA MÃO!
AARGH! O QUE É ISSO?
AU! AU!
UFA! É UM CACHORRINHO LAMBENDO A MINHA MÃO! É O MEU ROBÔ, E ELE ESTÁ BEM! DESÇAM, AMIGOS... OU VOCÊS SÃO UM BANDO DE COVARDES?
AU!
OS OUTROS GAROTOS DESCERAM...
QUE SURPRESA! ISTO AQUI É ASSUSTADOR!
TÁ TÃO ESCURO! ESTOU COM MEDO!
EU TAMBÉM! VAMOS BUSCAR UMA LANTERNA!
OS GAROTOS FORAM EMBORA E RETORNARAM AO BURACO ALGUNS DIAS DEPOIS. DESSA VEZ COM UMA LAMPARINA...
MINHA NOSSA!
ISSO É DEMAIS!
AS PAREDES DA CAVERNA ESTAVAM COBERTAS COM PINTURAS DE ANIMAIS. ALGUNS DELES, ENORMES. HAVIA UM TOURO COM 5 METROS DE ALTURA!
SÃO PINTURAS LINDAS! MAS QUANDO FORAM FEITAS?
EU NÃO SEI, MAS CONHEÇO ALGUÉM QUE SABE! NOSSO PROFESSOR, O SR. LAVAL, VAMOS BUSCÁ-LO!
AU! AU! GRRRRR!

Fatos sobre Lascaux

1. As pessoas que visitaram as cavernas de Lascaux acharam as pinturas tão assombrosas que as chamaram de Oitava Maravilha do Mundo.
2. No dia em que os garotos as encontraram, as pinturas provavelmente estavam tão nítidas quanto no dia em que foram feitas. Isso porque a entrada original para a caverna (que foi usada pelos artistas pré-históricos) estava bloqueada por uma rocha. Assim, as pinturas ficaram protegidas da umidade e das variações bruscas de temperatura por caudas da rocha espessa do teto da caverna. Além disso, as pinturas estavam cobertas por uma camada de cristais – que as selou como se fosse um filme plástico.
3. Alguns anos depois da espantosa descoberta dos garotos, foi construída uma nova entrada para as cavernas de Lascaux, e instalaram luz elétrica lá dentro. Ravidat e seus colegas, que já haviam crescido, foram contratados para guiar os milhares de pessoas que iam admirar as pinturas.
4. As cavernas ficaram tão famosas que, pouco tempo depois, 2 mil pessoas as visitavam por dia... então... aconteceu o desastre! Após se manterem preservadas por 14 mil anos, as pinturas começaram a desbotar! Peritos logo concluíram que a respiração dos visitantes e as mudanças na luz e na temperatura estavam fazendo a Oitava Maravilha do Mundo desaparecer diante dos olhos de todos! Alguma providência drástica tinha de ser tomada rapidamente! Mas qual? Qual das seguintes soluções **você** teria escolhido?

a) Apagar todas as luzes e pedir aos visitantes que segurassem a respiração enquanto imaginavam as pinturas.

b) Fazer uma réplica, em tamanho natural, de todas as cavernas, para que o público a visitasse no lugar da original.

c) Fechar as cavernas permanentemente e mostrar fotos aos visitantes.

Resposta: b) Admiradores de arte de todo o mundo ficaram tão desapontados com o fechamento das cavernas que as autoridades decidiram construir uma cópia exata delas (das cavernas, *não* das autoridades), usando cálculos computadorizados e materiais modernos. Foi montada uma réplica subterrânea com vigas de aço, malha de metal e concreto. O interior de toda a estrutura foi coberto com argila, modelada por escultores que reproduziram a forma exata das cavernas originais, com precisão de centímetros. A seguir foram contratados pintores para fazer as figuras dos animais. Sempre que possível, usavam pigmentos (cores) da Idade da Pedra, encontrados nos arredores. As cavernas falsas de Lascaux foram abertas ao público em 1983. As pessoas que conheciam as cavernas originais ficaram atônitas. Elas disseram que a réplica era idêntica à original. Podemos afirmar que essa foi a maior, mais ambiciosa e mais bem-sucedida falsificação de uma obra de arte em todo o mundo. Ela é visitada por cerca de 300 mil pessoas por ano, e é tão popular que para vê-la, durante o verão, é necessário agendar a visita com meses de antecedência.

Arte-fatos pré-históricos

1. Existe arte pré-histórica e antiga em todo o mundo. Parece que os seres humanos têm feito arte desde que conseguiram segurar um pedaço de madeira ou osso chamuscados, ou ainda um chifre de veado (quando já não estava preso à cabeça do animal, é claro).
2. Existem muitas pinturas pré-históricas genuínas em cavernas no sul da França e na Espanha. Sem dúvida, existem ainda muitas outras a ser descobertas por cachorros. Infelizmente, muitas cavernas com pinturas nunca serão encontradas, porque foram soterradas por desabamentos de terra e rochas.
3. Em uma caverna, perto de Lascaux, existem cerca de 120 pinturas de mamutes (será que essa era a caverna da primeira história deste livro?). Ela é chamada de Caverna dos Mamutes e está tão abaixo da superfície que foi construída uma ferrovia elétrica para transportar seus visitantes. Os artistas originais chegaram a essas câmaras remotas percorrendo quilômetros de túneis subterrâneos (por que se cansaram de esperar pelos trens?). Para enxergar na escuridão, usaram tochas feitas de musgo embebido em gordura animal (ou comeram muita cenoura). Quando tinham de descer por buracos perigosos, usavam escadas feitas de plantas (ou simplesmente caíam). Toda essa aventura era, sem dúvida, extremamente arriscada e assustadora, principalmente durante o inverno, quando ursos selvagens hibernavam nas cavernas.

4. A Caverna dos Mamutes é conhecida e explorada desde o século XV. Desde então, grafiteiros de outras eras têm deixado rabiscos e mensagens sobre as pinturas originais.

5. No Vale Tarn, no sul da França, foram empregados escoteiros em uma "campanha para limpar pichações". Os garotos exageraram um pouco no trabalho. Eles limparam tudo o que puderam encontrar, inclusive duas pinturas de bisão, raras e inestimáveis, criadas 15 mil anos antes.

6. Muitas das cavernas têm impressões de palmas ou contornos de mãos em suas paredes, ao lado das pinturas. Os artistas não sabiam ler ou escrever, então imagina-se que a impressão das mãos foi a forma que encontraram para assinar seu trabalho. Em uma caverna, existem impressões das nádegas de alguém numa parede. Não se sabe o que esse artista estava tentando dizer... Poderia ser uma mensagem para a posteridade?

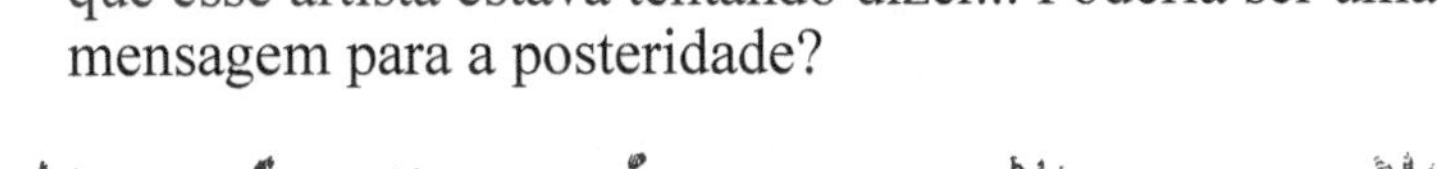

7. As pinturas rupestres de Altamira, na Espanha, também foram descobertas quando um cachorro entrou num buraco (não, não o Robô, foi *outro* cachorro – e isso aconteceu em 1830). Esse cachorro perseguia uma raposa quando entrou numa rede de cavernas. Seu dono o seguiu por uma passagem subterrânea, acompanhado pela filha de cinco anos. O teto da passagem era muito baixo, de modo que o homem teve que andar com a cabeça curvada, mas a garotinha conseguiu olhar para cima e ficou espantada ao ver de o teto estava coberto de pinturas, que ela pensou serem de touros, mas que depois foram identificadas como de bisões pré-históricos.

As pessoas não acreditaram no homem quando ele contou sobre as imagens, e um professor da região o acusou de contratar um artista para falsificar as pinturas. Mais tarde, porém, reconheceram que as imagens tinham sido criadas milhares de anos antes – os peritos nem sempre têm razão.

8. Artistas pré-históricos não faziam apenas pinturas em cavernas. Eles também eram escultores. Arqueólogos descobriram miniaturas de bisões, mamutes e figuras humanas.

9. Um dos grandes mistérios da arte pré-histórica são as rochas gigantescas conhecidas como Stonehenge. Alguns peritos acreditam que essas rochas marcam o local onde eram celebrados festivais pagãos (hoje conhecidos como "baladas") por pessoas muito primitivas.

10. O Parque Nacional da Serra da Capivara, no Estado do Piauí, Brasil, tem centenas de cavernas com as pinturas e gravuras rupestres mais antigas das Américas. Esse sítio arqueológico ajudou a estabelecer que os seres humanos chegaram ao continente americano há pelo menos 50 mil anos.

Faça suas próprias pinturas rupestres

Para que você possa produzir arte cavernosa de qualidade, primeiro tem de desenvolver o estado de espírito adequado, isto é, "entrar no personagem". É o que atores fazem o tempo todo. Sua tarefa é se livrar de 20 mil anos de evolução e civilização em alguns dias. Você tem de assumir os hábitos e a personalidade de um caçador paleolítico. (Sem dúvida isso será fácil para muitos dos seus colegas.)

Dicas para se tornar primitivo

1. Não se lave nem coma por pelo menos três dias. Adquira o hábito de vestir peles de animais (primeiro veja se a pele já não "contém" um animal).

2. A caminho da escola, ande arrastando as costas da mão no chão, rosne para os carros e cheire os pedestres com desconfiança.

3. Finja que não entende uma só palavra do que seu professor fala (como assim "finja"?).

4. Na sala de aula, não use a carteira, sente-se no alto do armário. Caso seu professor chame sua atenção, não se deixe abater. Mostre os dentes para ele e rosne de modo ameaçador.

5. Ofereça-se para procurar piolhos nos colegas durante o recreio...

6. Durma embaixo da cama, não em cima, ofereça frutas para o apresentador do telejornal e ataque o carteiro.

Já está se sentindo paleolítico? Ótimo. Agora você precisa achar um local para suas pinturas. É óbvio que uma caverna seria o ideal, mas, se não tiver uma, os seguintes substitutos são aceitáveis:

a) um porão;

b) um canil sem uso (cuidado com o cachorro sem uso);

c) a lavanderia.

Se nenhuma dessas opções estiver disponível, por que você não pega uma prancha velha de madeira e faz sua própria parede de caverna? Como? Continue lendo e saiba como.

Como fazer sua própria parede de caverna

Você pode usar os materiais abaixo para reproduzir a superfície de uma parede de caverna num pedaço de madeira ou compensado.

Você vai precisar de:

- 2 partes de terra vegetal
- 2 partes de areia grossa
- 2 partes de cimento
- 1 parte de cola P.V.A.
- água
- 1 colher velha ou vareta para misturar
- 1 balde de plástico
- 1 espátula ou colher de pedreiro

O que você deve fazer:

- Misture a terra vegetal, a areia, o cimento e a cola, adicione água suficiente para produzir uma massa grossa.

> **AVISO SÉRIO:**
> USE LUVAS DE BORRACHA RESISTENTE AO LIDAR COM A MASSA!

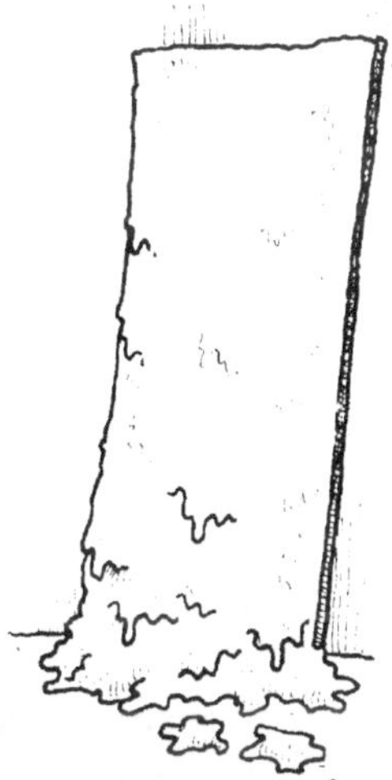

- Espalhe a massa sobre a madeira com as mãos (usando luvas), deixando uma espessura de dois centímetros.
- Trabalhe até que a superfície lembre a sua parede de caverna favorita. Deixe secar.
- Quando você estiver completamente seco, volte à sua parede de caverna. Se ela ainda estiver úmida, organize seu...

Material de pintura

O povo das cavernas precisou fazer experiências para encontrar seus materiais. Frequentemente eles eram descobertos por acaso, como aconteceu com o osso chamuscado do nosso pequeno Art. Ele também poderia ter usado um pedaço de madeira queimada (carvão) para desenhar seus animais, ou mesmo carbonato de cálcio (giz).

Caso seu espírito de aventura não esteja em alta, use materiais de pintura convencionais, mas lembre-se de só usar vermelho, marrom, amarelo e preto, para dar a sua obra de arte uma aparência autêntica de pintura rupestre. Se você quiser experimentar os materiais naturais, como Art fez, peça ajuda a um adulto (de preferência um do tipo Neandertal, como... sua professora) e TENHA CUIDADO!

Pigmentos

Ao procurar cores para seus desenhos, Art provavelmente as desenterrou do solo. Acredita-se que ele tenha pegado os pedaços de rocha mais coloridos que achou. Esses foram os pigmentos dele. Quando você encontrar pedaços de rocha coloridos, precisará moê-los, transformando-os em pó (*não* use o processador de alimentos da sua casa).

O número de cores de que Art dispunha era bem limitado. Para conseguir novas cores em sua paleta, ele aquecia alguns dos pigmentos até ganharem novos tons. Cores "aquecidas" são usadas até hoje por pintores. Elas têm nomes como terra **queimada** ou ferrugem **queimada** e podem ser compradas em lojas de material artístico, junto com as tintas originais "da terra", como marrom-avermelhado **natural**, ferrugem **natural**, ocre amarelo e ocre vermelho.

Art também pode ter feito experiências para obter cores esmagando folhas, frutas e flores, mas esses pigmentos desbotam muito depressa!

Veículos

Não estamos falando de carros, aqui, mas de um suporte para os pigmentos, pois, sem isso, pode ser muito difícil aplicá-los. Eles não vão aderir à superfície que você deseja pintar. Art provavelmente experimentou diversos tipos de veículos, incluindo:

- água
- um tipo de cola feita com pedaços de animais cozidos

- seu próprio cuspe
- sua própria urina (não é recomendado!)
- a substância gordurosa e marrom que existe dentro do osso, derretida (hum... que delícia!)
- sangue

Misture seus pigmentos com o veículo de sua preferência.

AVISO
Não lamba seus dedos distraidamente enquanto estiver pintando! ECA!

Recipientes de tinta pré-históricos

Você vai precisar de algo para guardar suas tintas. Durante o período pré-histórico houve uma escassez mundial de copos de requeijão e vidros de geleia usados; assim, os pintores utilizavam bolsas de pele, conchas e ossos escavados, além de algum tipo de rolha para tampar. Se não conseguir encontrar nenhum desses recipientes, que tal usar... hã... copos de requeijão vazios?

Aplicando a tinta

Se você observar fotos de pinturas pré-históricas, vai reparar que não existem respingos, manchas e borrões ao redor delas. Isso demonstra que Art e seus amigos não gostavam de fazer pintura a dedo (talvez achassem que isso era para primitivos!). Eles muito provavelmente aplicavam a tinta usando alguns dos seguintes itens:

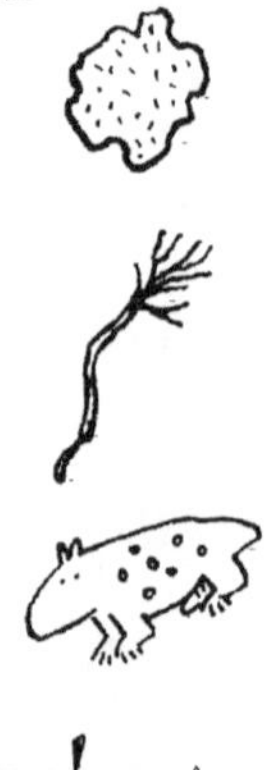

- penas
- um chumaço feito de pele de animal
- um feixe de galhos – cujas extremidades Art mastigava para fazer um pincel primitivo
- pelos de animais, como texugos, raposas... ou homens das cavernas... que eles prendiam na ponta de uma vara (os pelos, não os homens das cavernas!)

Você pode tentar fazer seu próprio pincel usando cabelo humano (ou fios do bigode ou da barba de seu pai, ou esse tipo de coisa).

O que pintar

A superfície e as tintas estão prontas. Agora... o que você vai pintar? Bem, como sugestão:

- invente sua própria cena pré-histórica
- copie a fotografia de uma pintura rupestre
- pinte um imagem contendo coisas da atualidade, de alta tecnologia (computadores e celulares) em estilo pré-histórico e confunda completamente os arqueólogos do futuro!

Por que os artistas pré-históricos faziam pinturas em cavernas?

Muitas e muitas teorias foram criadas para explicar a existência das pinturas "cavernosas", e algumas delas são bastante convincentes, mas ninguém pode realmente provar que sua ideia esteja absolutamente correta. Os povos pré-históricos não deixaram explicações por escrito sobre sua arte (se tivessem deixado não seriam pré-históricos, seriam?). Mesmo que você usasse uma máquina do tempo e voltasse para perguntar aos artistas das cavernas por que pintaram, eles provavelmente não saberiam lhe dizer por quais razões fizeram as imagens, a não ser, talvez, algo como:

Temos algumas teorias propostas para explicar a existência das pinturas rupestres:

1. As pessoas pré-históricas comiam principalmente carne e dependiam dos animais para obter comida e vestimentas. Não havia muitos vegetarianos radicais na pré-história. Sabemos disso porque ninguém descobriu, até hoje, uma caverna cheia de pinturas de cenouras, brócolis e alfaces. Pintar animais encorajava os "bichinhos" a se reproduzir, facilitando a obtenção de filés de bisão, cortes de cervos e casacos de pele de mamute.

2. Os caçadores tinham algum afeto pelos animais, e as figuras eram uma espécie de pedido de desculpas por ter de caçá-los e matá-los. Algo como...

3. As pessoas pensavam que os animais eram sagrados, e pintá-los era uma forma de venerá-los.

4. As pessoas que pintavam as imagens não eram boas em nada, a não ser em arte... e tinham de encontrar *algo* a que dedicar sua vida.

5. Eles não conheciam a escrita, de maneira que as pinturas eram um modo de contar histórias e deixar registros para as futuras gerações. As pinturas com figuras humanas podem contar à tribo sobre um feito heroico, em forma de história em quadrinhos, como na história das cavernas de Lascaux.

6. As pinturas davam aos caçadores algum poder sobre os animais, o que os tornava menos propensos a fugir num momento inoportuno durante a caçada. (É claro que seria muito inconveniente e constrangedor se caçadores e animais fugissem ao mesmo tempo.)

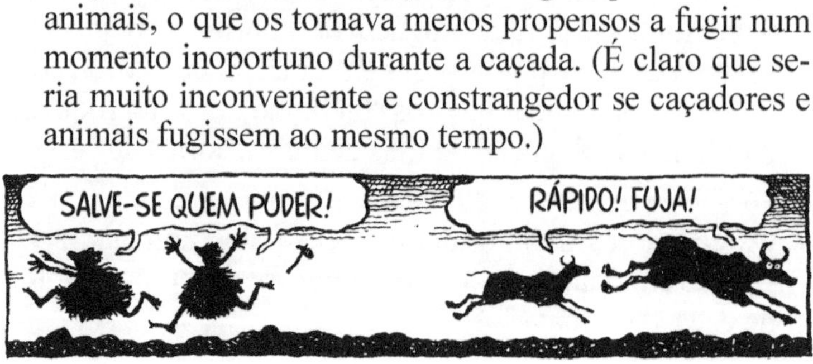

Retoques finais

A razão pela qual as pinturas das cavernas foram feitas sempre vai reservar um pouco de mistério. Você também pode querer saber:

- por que alguns jovens rabiscam o pescoço do colega da frente durante as aulas de matemática extremamente chatas.
- por que batemos na madeira quando vamos fazer bungee-jump, pulando do prédio mais alto da cidade estando preso por cadarços de tênis velhos e três clipes de papel.
- por que encanadores assobiam sem qualquer afinação enquanto remendam um vazamento na privada.

Ninguém sabe ao certo. Os humanos fazem muitas coisas esquisitas e desconcertantes... e a arte é, *definitivamente*, uma delas.

Em busca da arte: encontre você mesmo!

Art e seus contemporâneos – Pinturas rupestres encontradas ao redor de Dordogne, França – www.uni-tuebingehn.de

Animais da caverna de Vogelherd, na Alemanha (entalhes) – Universidade de Tubingen, Alemanha.

A Vênus de Willendorf (pequena figura feminina esculpida) – Museu de História Natural, Viena, Áustria – www.nhm-wien.ac.at.

DOIDO, BIRUTA, MALUCO E CAVERNOSO

Art, nosso primeiro pintor de cavernas, era meio esquisitão, não era? Mas, se não fosse esse tipo de pessoa, tão independente e criativo, ele provavelmente não teria feito suas pinturas – e o mundo perderia alguns grandes desenhos!

Você possui temperamento artístico?

Em todas as épocas da História, os artistas frequentemente são classificados como um pouco "diferentes" dos outros seres humanos. As pessoas geralmente dizem que indivíduos criativos, como Art, possuem um "temperamento artístico". Talvez você também tenha! Responda o questionário a seguir para descobrir se você é o tipo certo de pessoa para se tornar artista. Marque quantas alternativas quiser em cada questão. Conte um ponto de criatividade para cada alternativa marcada – sem trapacear!

1. *Você* costuma se sentir:

a) mal-humorado
b) egoísta
c) impulsivo
d) sem controle
e) inclinado a discussões
f) perseguido e não amado pelo mundo?

2. Em alguma época de sua vida você já sentiu uma necessidade arrebatadora de:

a) dar suas orelhas de presente?
b) ser cruel para com uma árvore?

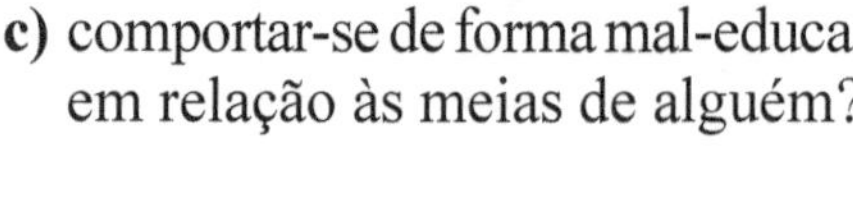

c) comportar-se de forma mal-educada em relação às meias de alguém?

d) deixar crescer uma barba enorme?

e) ficar sem tomar banho mais tempo do que o normal (ou seja, pelo menos dez semanas)?

3. Você é ou já foi:

a) completamente obcecado por coisas que não fazem bem à saúde?

b) fedido?

c) inclinado a desobedecer regras?

d) propenso a chamar atenção para si mesmo vestindo-se de modo estranho?

e) desatento?

Pontuação

Se você marcou:

15: Procure ajuda... imediatamente!

Entre 12 e 15: Parabéns! Você é o orgulhoso detentor de um temperamento artístico. (Como assim, você não o quer? Você já o tem, e pronto! E não, não pode ser contador, como sua mãe! Você é *muito* excêntrico!)

Entre 8 e 11: Você é um caso limítrofe. Pode ter o necessário para se tornar um gênio criativo. Por outro lado, pode simplesmente ser uma completa dor de cabeça!

Entre 2 e 7: Nada a ver. Você nem está perto de ser temperamental o bastante... parece ser uma pessoa agradável e normal *demais!*

1 ou menos: Minha nossa! Você parece uma batata sem graça! Já considerou uma carreira em contabilidade?

Todos os tipos de características e comportamentos esquisitos parecem combinar com a ocupação de artista. Mas os artistas já nascem excêntricos ou são pessoas perfeitamente normais cujo trabalho as enlouqueceu depois? Afinal, a arte pode ser extremamente frustrante quando as coisas não dão certo. Ela pode nos levar a fazer coisas muito estranhas... como o pintor impressionista francês Claude Monet (1840-1926) descobriu. Claude gostava de pintar a natureza, mas esta, às vezes, não sabia se comportar...

A mãe natureza pode precisar de um incentivo...

Claude estava pintando uma série de paisagens de inverno (não, *não* todas ao mesmo tempo). Os quadros eram ambientados num lindo campo montanhoso e destacavam um carvalho e um rio. Mas as coisas não iam bem...

DIÁRIO DE CLAUDE

Primeira semana: Estou sendo atrasado pela estranha natureza (a minha, claro). Ah, se ao menos eu não fosse tão exigente! Funga, choraminga, funga! Não estou satisfeito com minhas pinturas! Vou retirar toda a tinta e começar de novo!

Segunda semana: Mamãe natureza agora está fazendo birra! Está chovendo! Meus quadros estão muito sombrios, mas devo persistir... afinal, sou um ARTISTA!

Terceira semana: Que horror! Está nevando! Agora minhas pinturas estão todas com a cor errada!

Quarta semana: A neve se foi, mas... o rio está subindo e ficou todo marrom... meu lindo rio está da cor errada!

Quinta semana: Nuvens... sol... depois nuvens de novo... e então sol... está claro demais... depois muito escuro... depois muito claro! Isso está me deixando louco!

Sexta semana: As coisas estão melhorando! O tempo está lindo — mas o que é isso? O rio está mudando de cor de novo! E... ah, não! Ele está secando!

Sétima semana: Finalmente, está tudo perfeito! Hoje vou pintar o grande carvalho seco. Mas ESPERE! Onde ele está? Algum engraçadinho o substituiu por uma árvore cheia de folhas! Funga, funga, funga! Agora que eu estava com as tintas preparadas!

Claude estava atrasado em sua programação. Enquanto brigava com as mudanças do tempo, a primavera tinha chegado e coberto o carvalho de folhas. A árvore nua deveria ser o personagem principal de muitas das paisagens de inverno! Então, o que você acha que Claude fez?

1. Ele teve um ataque, derrubou a árvore e fez uma fogueira com ela. Em seguida, jogou seus quadros no fogo e, enquanto dançava ao redor, se pôs a gritar: "A arte é atroz!". Depois ele voltou para Paris, onde se tornou jogador profissional de futebol.

2. Ele arrancou todas as folhas da árvore enquanto resmungava "ninguém apronta com o velho Claude e vive para contar a história!".

3. Ele passou a pintar cenas de primavera.

Resposta: 2 *(bem, quase!)*

Claude foi até o prefeito e pediu permissão para remover as folhas da árvore...

Dois homens que moravam na cidade levaram escadas e passaram vários dias arrancando as folhas da árvore. Claude pôde, então, terminar suas paisagens de inverno (Será que os homens depois colaram as folhas de volta?)

Talvez a história do artista holandês Vincent van Gogh (1853-1890) tenha sido ainda mais frustrante que a de Claude. Durante sua vida, a maioria das pessoas não reconheceu o enorme talento de Vincent, e muitos achavam que lhe faltavam alguns parafusos na cabeça. Seu irmão, Theo, disse que chegaria o dia em que Vincent seria tão famoso quanto Beethoven e que as pessoas o considerariam um gênio. Como se sabe, a profecia de Theo se cumpriu. Hoje em dia Vincent é considerado um gênio, mas também é lembrado por seu comportamento excêntrico.

E no canto azul, vermelho, verde e amarelo... Vincent van Gogh!

Veja como um homem de 98 anos descreveu ter visto Vincent, quando este foi pintar nos campos perto de sua casa:

Que modo estranho de se preparar para começar uma pintura! Como é que Vincent segurava seus pincéis? E como ele podia ver seus modelos se cobria os olhos com as mãos?

Bem, aparentemente, essa *não era* a técnica de pintura de Vincent – era só um de seus hábitos estranhos. Talvez fosse um exercício de aquecimento para pintar... da mesma forma que os atletas fazem antes de competir! Que tal experimentar algo assim em sua próxima aula de arte... ou até mesmo convencer o professor a deixar a classe toda fazer o mesmo? Pode ser divertido!

O velho (que na época era apenas um garoto) disse que chegou a ver Vincent trabalhando num quadro. Ele descreveu como o artista tirou a roupa para trabalhar – ficando apenas de cueca e chapéu de palha... e fumando cachimbo.

O velho disse que Vincent ficava sentado olhando fixamente para o quadro, depois pulava na direção dele, como se fosse atacá-lo (o estilo Popó de fazer arte!). Então, Vincent dava duas ou três pinceladas rápidas e voltava a se sentar (ufa, que estilo cansativo!). Parece mesmo ser uma técnica pouco comum, não acha? Mas os resultados mostraram que valeu a pena!

Todo mundo que conhecia Vincent afirmava que ele vivia e trabalhava no meio de uma enorme, caótica e nojenta bagunça (mais ou menos como o quarto de um garoto normal de dez anos). Ele costumava emprestar as melhores roupas de seu irmão e depois as deixava jogadas pelo estúdio, misturadas com pincéis sujos e telas com tinta fresca. Ele até mesmo usava as meias de Theo para limpar seus pincéis. Isso resultava em brigas enormes entre os irmãos (principalmente quando Theo estava usando as meias!).

Vincent era muito emotivo e intenso, o tipo de pessoa que tem problemas para manter os amigos. Um dia ele se sentiu especialmente infeliz, porque seu colega e pintor, Paul Gauguin, o tinha dispensado. Vincent ficou tão perturbado pelo desentendimento com Paul que cortou um pedaço da orelha (a dele mesmo, não a de Paul!), e deu-a de presente para a namorada, dizendo...

Em certos momentos da vida, Vincent foi uma pessoa muito solitária e problemática. Quando não pintava, escrevia montes de cartas ao seu irmão Theo, de cujo apoio e encorajamento dependia. As cartas não diziam coisas como "os pincéis estão sujos de novo, envie meias limpas!". Elas refletiam os sentimentos mais íntimos de Vincent sobre sua arte. Qualquer um que leia essas cartas pode perceber que a pintura significava tudo para ele – o que torna ainda mais triste o fato de ele nunca ter tido sucesso nem vendido seus maravilhosos quadros enquanto estava vivo.

Stanley e sua bagagem

Sir Stanley Spencer (1891-1959) foi um artista britânico que pintou muitas cenas da Bíblia, que ele atualizava ambientando-as em sua cidade natal de Cookham e retratando seus conterrâneos – pessoas comuns – no papel dos personagens bíblicos. Assim como Vincent, sir Stan era considerado excêntrico por algumas pessoas. Talvez porque:

1. Ele gostava de usar rolos de papel higiênico como rascunho – eles eram tão práticos!

2. Ele gostava de passear com um carrinho de bebê. Talvez você não veja nada de mais nisso – afinal, muitos papais levam seus filhos para passear, não levam? Bem... no carrinho não ia o bebê de Stanley, mas seus pincéis, suas telas e tintas, que eram assim transportados para os locais que ele escolhia pintar. Stanley julgava muito útil a cobertura retrátil do carrinho, que cobria suas preciosas pinturas de pancadas de chuva repentinas.

3. Ele não era muito fã de banho – durante a maior parte da vida, Stanley só teve água fria em sua casa. Talvez por isso ele sempre estivesse com uma aparência imunda e maltrapilha. Às vezes, quando Stanley aparecia em lugares como galerias de arte e restaurantes de luxo, os porteiros não o deixavam entrar, porque era muito pequeno e sujo.

Quando os quadros de Stanley começaram a ser mais valorizados, ele foi procurado por um vendedor da Rolls--Royce que esperava vender um carro luxuoso a ele. Quando o vendedor se encontrou com Stanley, percebeu que ele não se preocuparia com símbolos ostensivos de riqueza e foi embora.

Stanley estudou pintura na famosa escola de arte Slade. Ele era um artista tão brilhante que ganhou um prêmio e foi convocado para a cerimônia de entrega em Londres. Quando Stanley desceu do trem na estação de Euston, um senhor muito elegante confundiu o jovem artista maltrapilho com um carregador de bagagens da estação e assobiou para ele, dizendo: "Carregue minhas malas!". Sendo gentil e prestativo, Stanley fez o que o homem pedia e, obedientemente, carregou as malas daquele senhor por Londres (exatamente o que você teria feito nas mesmas circunstâncias, não é?). O homem ainda deu uma gorjeta a Stanley e depois foi cada um para seu lado.

Mais tarde, na cerimônia de premiação, quando Stanley foi receber seu prêmio, ficou pasmo ao descobrir que o convidado distribuindo os prêmios era a mesma pessoa que pedira que ele carregasse suas malas. Sem dúvida, o homem ficou ainda mais surpreso e espantado que Stanley!

"Faço qualquer coisa para fazer certo!"

Embora artistas como Claude, Vincent e Stanley encarassem sua vida e obras de modo pouco convencional, não pareciam se importar com a opinião dos outros sobre eles. Afinal, a arte deve vir em primeiro lugar – e são os resultados que contam... não é?

Thomas Gainsborough (1727-1788), pintor do século XVIII, estava disposto a fazer qualquer coisa para obter o efeito certo em seus quadros – ele pintava com pincéis que tinham 1,80m de comprimento! Por que ele usava pincéis enormes?

1. Thomas era um ex-profissional da sinuca, e os cabos extremamente longos dos pincéis faziam-no sentir mais segurança.

2. O cheiro da tinta a óleo dava-lhe alergia, e essa era a única maneira de se manter distante de seu material de trabalho.

3. Ele gostava de manter das telas a mesma distância que mantinha dos modelos.

4. Ele tinha hipermetropia e não tinha dinheiro para comprar óculos.

Resposta: 3 Thomas ganhava a vida pintando retratos de pessoas ricas e famosas, e essa era a técnica que usava para garantir absoluta precisão, tanto na perspectiva como na proporção.

Quando não estava fazendo retratos, Thomas pintava paisagens maravilhosas. Seus métodos eram extraordinários. Em vez de ir a campo para pintar a natureza, ele carregava a natureza para seu ateliê. Ele até mesmo colocou um burro perto de seu cavalete, para poder retratá-lo (e para ter alguém inteligente com quem conversar?).

Thomas, se pudesse, teria levado pradarias e florestas inteiras para seu ateliê. Mas como isso era impossível, ele fez várias paisagens em miniaturas para copiá-las. Ele usou:

Então ele acrescentava animaizinhos modelados em argila. Finalmente, Thomas acendia uma vela ou lamparina perto de sua composição para criar os efeitos de luz e sombra em sua cena.

O método de Thomas parece divertido, não é? Você também pode criar miniaturas para depois desenhá-las, mas use uma lâmpada em vez de vela – é muito mais seguro!

É difícil descobrir como alguns artistas eram, pois muitas vezes levavam uma vida solitária. Aaah! Mas, se você começasse a andar por aí dizendo coisas como "Mil artistas deveriam ser mortos por ano!", não deveria ficar surpreso se as pessoas começassem a evitá-lo. Foi o que Paul Cézanne (1839-1906) disse uma vez. Ele também afirmou: "Quero chocar Paris com uma maçã!". E foi o que ele fez. Pintou quadros chocantes de maçãs (e outras coisas). Ei, tive uma ideia! Já que não podemos perguntar aos amigos de Paul que tipo de sujeito ele era, que tal entrevistarmos uma de suas modelos?

MINHA VIDA COM UM GÊNIO – MEMÓRIAS DE UMA MODELO ARTÍSTICA, POR MARA MAÇÃ (1877-1877)

Não quero me gabar, mas... sabe Paul Cézanne, o famoso pintor? Bem, eu era sua modelo favorita. Na verdade, posso dizer com absoluta certeza que... era dessa fruta que ele gostava! Você já deve me conhecer. Sou a terceira maçã a partir da esquerda no quadro *Natureza-Morta com Laranjas e Maçãs*. Sou eu no Museu Jeu de Paume, em Paris.

Isso mesmo, fui eu a inspiração original por trás de todos aqueles quadros de natureza-morta com frutas, tão famosos atualmente. Ainda me lembro das primeiras palavras que Cézanne me disse, quando me escolheu dentre tantas outras:

"Oh... que esfera linda e adorável!", foi o que ele falou. "Todos os mistérios magníficos da natureza estão incorporados em suas graciosas curvas. Tenho vontade de comê-la... ha, ha!... estou brincando... minha gala!" Então ele, carinhosamente, deu um tapinha no meu bumbum... nossa, como fiquei vermelha!

A coisa toda começou em um dia muito quente, no verão de 1895. Eu estava com uma turma de maçãs, penduradas em Provença, no sul da França. Estávamos lá, cada qual em seu galho, preocupadas com nossa vidinha, parabenizando umas às outras pela aparência saudável, roliça e corada que estávamos adquirindo naquele lindo verão. De repente, vimos aquele sujeito ruivo passando por baixo da cerca quebrada, no canto do pomar. Ele falava consigo mesmo e olhava ao redor de modo suspeito. Vou lhe dizer... ele botou medo em todas nós, com aquela barba pontuda e sobrancelhas ameaçadoras.

— Oh, céus, ele parece perigoso, não acham? — balbuciou uma colega de árvore. Espero que ele não arranque meu galho!

— Não se preocupe! É Paul Cézanne — sussurrou uma pera, na árvore ao lado. — Ele é um impressionista.

— Hum, não gosto de gente assim — apressou-se em dizer uma jovem maçã. — Quem ele acha que impressiona desse jeito?

— Não é nada disso, sua tolinha! — cortou a pera. — Ele é um pintor; na verdade, algumas pessoas dizem que é um pós-impressionista muito respeitado e coisa e tal... o único problema é essa obsessão que ele tem por frutas. Ele não consegue nos deixar em paz!

A pera tinha razão. Eu, de repente, me senti sendo torcida e arrancada do meu galho, para ser colocada no bolso do casaco de veludo de Cézanne com algumas de minhas comadres. Quando vimos a luz novamente, estávamos em seu ateliê.

Imediatamente, ele começou a fazer um arranjo conosco na mesa defronte ao seu cavalete, mas não parecia satisfeito com nenhuma posição em que nos colocava. Ele acabava de nos colocar de um jeito e logo nos movia outra vez.

"Tem de parecer absolutamente natural... *absolument naturelle!*", ele ficava repetindo para si mesmo e, então, começava a cantar!

"Coloque a fruteira aqui, as maçãs ali,
E a caneca de leite acolá.
Então mude-as de lugar.
Oh, oh, esferas, cones e cilindros!
Oh, oh, esferas cones e cilindros!
É a que tudo se resume!"

Bem, na época, eu não tinha a menor ideia do significado de tudo aquilo. Agora, entretanto, compreendo cada palavra! Bem, você também compreenderia se passasse cem anos com cada louco por arte do mundo parado à frente do seu retrato chamando-o de obra-prima e elogiando a maneira brilhante como Cézanne retratou as formas básicas das coisas! Ainda me lembro do dia em que Picasso e seu amigo Georges Braque apareceram – não muito depois da morte de Cézanne.

"Sabe, Cézanne foi um cara de primeira!", disse Picasso, enquanto nos admirava, nós, as maçãs. "Ele meio que inspirou a nós, malucos deste novo século, para fazermos nossas pinturas do jeito que acharmos melhor. Era realmente moderno o modo como ele expressava as formas de tudo em termos de cones, esferas e cilindros..."

"...e cubos!", acrescentou Georges.

"Sim... isso também", disse Picasso.

"Isso é o que nós estamos sempre fazendo, Pablo!", disse Georges, "pintando de forma a parecer um monte de cubos e tal."

"Ei... é mesmo, não é?", disse Picasso. "Isso me dá uma ideia! Por que não nos chamamos de cubistas?"

"Tudo bem, então!", exclamou Georges. "Mas eu não sei se o nome vai pegar." Mas, como você provavelmente sabe, foi exatamente como "os cubistas" que eles se tornaram conhecidos. Para nós, maçãs, a história foi outra. Cézanne era um pintor muito lento. Depois de três semanas nossa aparência começava a se deteriorar. Surgiam rugas, e nossa linda cor desbotava... e ele só tinha esboçado nossas formas!

Começamos a achar que Cézanne, de algum modo, já não sentia o mesmo por nós. E era isso mesmo! Adivinhe o que o patife fez? Ele nos substituiu por frutas mais jovens e bonitas! Mas isso não foi o pior! Emendando humilhação à ofensa, sabe o que ele e aquele Pierre Renoir fizeram conosco, as antigas modelos? Uma salada de frutas, e nos devoraram no café da manhã de domingo. Para você ver como são os artistas! Totalmente volúveis! Mas sou eu mesma no quadro, a terceira a partir da esquerda...

Cézanne pintou maçãs (e muitas outras coisas) como ninguém antes as havia pintado. Outros pintores se esforçavam para fazer as maçãs se parecer com maçãs de verdade. Eles usavam todos os tipos de técnicas para conseguir isso – como dar pinceladas invisíveis de modo que o observador pudesse jurar que a maçã havia crescido ali no quadro e não que tivesse sido criada com pincéis e tintas.

Cézanne não se importava se você pudesse distinguir suas pinceladas. Ele queria que as pessoas as vissem – e elas eram realmente interessantes. A maçã dele é a "pintura" de uma maçã, não um retrato que "parece quase real". Ele estava mais interessado em mostrar como as formas e cores das coisas relacionavam-se entre si. Cézanne queria que os objetos em seus quadros se harmonizassem o máximo possível – por isso demorava tanto tempo arrumando suas naturezas-mortas.

Muitos críticos daquela época julgavam seu trabalho sem valor. Um deles disse: "É a maior piada da arte em 15 anos!". Outro disse, ainda: "Se concordarmos com o Sr. Cézanne, é melhor botarmos fogo no Louvre!". (O Louvre é o museu e a galeria de arte nacional da França.) Cézanne, contudo, não se deixou abater por esse tipo de crítica. Continuou trabalhando com seu estilo exclusivo, que influenciaria muitos artistas que vieram depois dele.

Apesar das críticas, Cézanne não queria, de modo algum, incendiar o Louvre – mas outro artista pensou que aquela era uma boa ideia.

A guerra é boa! Queimem os museus! Tamara de Lempicka e os fanáticos futuristas

Alguns artistas de cabeça quente ficam tão obcecados por suas ideias "geniais" que precisam colocá-las em prática imediatamente. A artista polonesa Tamara de Lempicka (1898-1980) era impulsiva – uma mulher de ação. Ela não deixava nada atrapalhar o seu caminho. Quando tomava uma decisão, a punha em prática! Como na vez em que Tamara e seus amigos incendiaram o mundialmente famoso museu de arte do Louvre... bem, quase!

Os amigos de Tamara formavam um grupo de artistas e poetas chamado de futuristas, que se reuniram no começo do século XX. Todos eles eram muito otimistas em relação às novidades tecnológicas que começavam a aparecer naqueles dias – como as máquinas voadoras de madeira e carros que podiam correr à velocidade de... 50 quilômetros por hora! (Isso mesmo, 50 quilômetros por hora, uma experiência de arrepiar os cabelos!) O líder e herói dos futuristas era um poeta chamado Marinetti. Certa vez ele disse que um carro de corrida era muito mais bonito que uma velha e bolorenta obra-prima de pintura. (Tudo bem, mas será que ele tinha tentado pendurar uma Ferrari na parede da sala de estar?)

Marinetti disse que toda a arte antiga deveria ser completamente destruída, e da forma mais violenta possível. Ele chegou até mesmo a afirmar que a guerra era uma coisa boa! Um dia, Tamara e os futuristas estavam num restaurante, em Paris, ouvindo Marinetti. Este, de pé sobre uma mesa, fazia um discurso sobre como se livrar de toda a arte velha do mundo.

Mas... esperem! O Louvre ficava a mais de duas corridas de bonde de distância. Eles não podiam ir protestando até lá. Chegariam esgotados! O que poderiam fazer? A situação estava começando a ficar tensa e perigosa. A multidão tinha aumentado (o restaurante era bom) e se transformado numa turba enfurecida. Os gritos de "QUEIMEM O LOUVRE!" tornaram-se ainda mais enfurecidos. Algo precisava ser feito.

Enquanto admirava apaixonadamente os olhos de seu herói, Tamara percebeu que ela tinha recursos para mudar todo o curso da História, pois, lá fora, em frente ao restaurante, estava o próprio símbolo de velocidade, potência e tecnologia. Sim, isso mesmo! Eles poderiam usar seu belo carrinho para ir até o Louvre e destruir toda a velha arte!

"Maestro!", ela gritou para Marinetti (não era um Maestro, na verdade – era um Renault, mas não vem ao caso, certo?), "meu carro está lá fora... se você quiser, podemos usá-lo para ir incendiar o Louvre!"

Era uma ideia perfeita e muito conveniente! Não importava que o carro fosse realmente pequeno. Tamara poderia fazer várias viagens entre o restaurante e o Louvre para levar a multidão enfurecida em grupos... duas ou três pessoas de cada vez (talvez os futuristas menores pudessem ir no colo dos maiores?). E poderiam rachar a gasolina! Brilhante! A decisão estava tomada, e todos os futuristas saíram do restaurante. Naquele momento, o desastre se abateu sobre eles!

Por quê?

1. Tamara lembrou-se, repentinamente, de que uma de suas pinturas estava exposta no Louvre. Então ela decidiu que não queria mais ser uma futurista.

2. Eles se perderam a caminho do museu.

3. O carro de Tamara tinha sido guinchado por estar estacionado em local proibido.

4. Eles se lembraram de que era domingo... e o Louvre estaria fechado naquele dia.

Resposta: 3.

O carrinho de Tamara não estava onde ela o havia deixado! Só sobrara a vaga onde aquela máquina do futuro tinha estado dez minutos atrás. Aqueles policiais de trânsito franceses, sem qualquer espírito esportivo, estavam sendo futuristas demais. Eles tinham guinchado o carro. A pobre Tamara não tinha percebido que havia estacionado em local proibido! Assim, o Louvre não foi incendiado. Talvez os futuristas pudessem fazê-lo em outra oportunidade. Eles poderiam até realizar um grande evento, levando sanduíches para fazer um piquenique no Jardin des Tuileries.

Antes que os futuristas tivessem outra oportunidade para tentar incendiar o Louvre, suas ideias começaram a perder popularidade. A Primeira Guerra Mundial ainda estava viva na memória de muitas pessoas, e elas se lembravam de que milhões de jovens tinham sido mortos pela mesma tecnologia de ponta que Marinetti e seus seguidores tanto apreciavam – como os supereficientes tanques de guerra, aviões e metralhadoras. Aquela obsessão fanática logo começou a parecer um pouco ridícula, e, em breve, muitos artistas tinham se esquecido do Futurismo. Por isso, o Museu do Louvre continua inteiro, cheio de arte da melhor qualidade, graças aos ótimos guardas de trânsito franceses.

A triste história de Maurice Utrillo – rebelde, pintor e cachaceiro

Alguns artistas têm a reputação de gostar de coisas que lhes fazem mal, como o álcool. Bebida geralmente tem um efeito devastador "sobre" o progresso de grandes gênios, principalmente quando é derramada sobre o trabalho. Maurice Utrillo (1883-1955) recebeu a recomendação de começar a pintar como terapia para seu vício em álcool. Os resultados foram espantosos!

5
AOS 13 ANOS VOCÊ ESTAVA SEMPRE FUGINDO DA ESCOLA PARA SE ENCONTRAR COM MAUS ELEMENTOS. FORAM ELES QUE O ENSINARAM A BEBER.
DESCULPE, VOVÓ.
6
NO FINAL DA ADOLESCÊNCIA, VOCÊ JÁ ERA UM PINGUÇO. E SE COMPORTAVA MUITO MAL! LEMBRA QUANDO PERDEU O EMPREGO NO BANCO?
EU ME LEMBRO MUITO BEM!
!?
7
MEU CHEFE, O VELHO FULANO DE TAL!
ISSO MESMO, MAURICE... E AINDA TENHO O GALO NO LUGAR EM QUE VOCÊ QUEBROU SEU GUARDA-CHUVA...
DESCULPE, SEU FULANO!
8
EU FIQUEI MUITO CHATEADA COM TUDO. E PENSEI: O QUE NOSSO MAURICE PRECISA É DE UMA ATIVIDADE, ALGO PARA MANTER SUA CABEÇA LONGE DA BEBIDA... FOI QUANDO TIVE UMA GRANDE IDEIA. ELE PODERIA APRENDER A PINTAR! EU LHE DEI PINCÉIS E TINTAS, QUE ELE "TOMOU" COM O MESMO ENTUSIASMO COM QUE BEBIA!
9
NUNCA TOMEI TINTA, MAMÃE...
É MODO DE DIZER.
DESCULPE, MÃE.
10
DEPOIS QUE COMEÇOU, NÃO HAVIA COMO PARÁ-LO! ELE ERA GENIAL PINTANDO CENAS DAS RUAS DE PARIS... EM APENAS 4 ANOS PINTOU...
MAIS DE 1.200 QUADROS, INCLUINDO 200 QUE HOJE SÃO CONSIDERADOS OBRAS-PRIMAS!
UAU!

11
SIM, QUADROS QUE FORAM VENDIDOS POR MUITO DINHEIRO. ELE ESTAVA GANHANDO UMA FORTUNA! E EM QUE VOCÊ GASTOU TUDO, MAURICE?
HÃ... NÃO ME LEMBRO.
12
CLARO QUE LEMBRA! EM QUÊ, MAURICE?
AI! FOI EM MAIS BEBIDA, MÃE! DESCULPE, MÃE!
TOC
13
COMO SABEMOS, ÁLCOOL FAZ MAL À SAÚDE. VOCÊ COMEÇOU A MOSTRAR SINAIS DE DESGASTE, MAURICE. A BEBIDA E SEU COMPORTAMENTO DESREGRADO CAUSARAM-LHE TANTO MAL QUE VOCÊ FOI TRANCADO NUM MANICÔMIO!
14
E EU CONTINUEI A PINTAR LÁ DENTRO, MAS OS GUARDAS DO MANICÔMIO ROUBAVAM MEUS QUADROS PARA VENDER!
OI, MAURICE! DESCULPE-NOS.
15
ENTRE AS VISITAS AO HOSPITAL PARA SE TRATAR DO ALCOOLISMO E AS "VISITAS" AO BAR PARA SE EMBEBEDAR, VOCÊ CONTINUOU PINTANDO E TORNOU-SE MAIS FAMOSO. A FRANÇA FICOU REALMENTE IMPRESSIONADA E DECIDIU LHE DAR UMA MEDALHA!
QUÊ? POR EU BEBER?
16
NÃO, É CLARO! PELA SUA ARTE! NÓS LHE CONCEDEMOS A LEGIÃO DE HONRA, QUE SÓ DAMOS A NOSSOS HERÓIS NACIONAIS!
UM EX-PRESIDENTE DA FRANÇA
AH, SIM, ESTOU ME LEMBRANDO DE TUDO AGORA... SE NÃO ME ENGANO, TOMEI UNS GOLES PARA COMEMORAR, NÃO FOI?

Bacon... com ostras... graxa de sapato... e muito desinfetante

Francis Bacon (1909-1992) também gostava de álcool... jogatina... e frutos do mar. Ele não era uma pessoa comum (será que isso existe?). Sua arte é extraordinariamente brilhante, mas muita gente a considera perturbadora demais.

Os quadros de Francis Bacon frequentemente retratavam pessoas que pareciam estar sofrendo muita dor, ou que deixaram sua aparência se deteriorar muito. Isso porque Francis alterava as expressões e as posições do corpo de uma forma realmente dramática. Seu estilo de vida era tão original e incomum quanto sua arte.

1. Francis era louco por ostras e jogo. Ele chegava a roubar dinheiro dos outros para jogar, mas quando ganhava no cassino devolvia.
2. Ele gostava muito de cabelo preto. Infelizmente, seu próprio cabelo era castanho claro, de modo que ele costumava pintá-lo de preto com graxa de sapato. Um dia, enquanto jogava num cassino muito quente, a graxa preta do seu cabelo derreteu e escorreu por sua testa.
3. Para obter uma aura de autoconfiança e um sorriso mais branco que o branco, ele limpava seus dentes com desinfetante (produto usado para limpar privada).

Como Francis deu um visual gritante ao papa

Quando menino, Francis comprou um livro chamado *Doenças da Boca,* que teria uma influência persistente em sua obra.

Enquanto as outras crianças brincavam de pega-pega, Francis passava muitas de suas tardes folheando, sonhador, seu adorado livro *Doenças da Boca.* As ilustrações encantadoras de todas as coisas absolutamente assustadoras que podem dar errado com a boca serviriam de grande inspiração para ele mais tarde.

Já adulto, pintou uma série de quadros que foram influenciados por sua admiração pelo retrato do papa Inocêncio X feito pelo pintor espanhol Velasquez (1599-1660)... e por seu interesse duradouro em livros de medicina. Muitos desses quadros mostram papas com bocas horrivelmente desfiguradas, parecendo gritar a plenos pulmões.

Francis disse que queria que seus gritos se parecessem com "um pôr do sol de Monet". Pode-se dizer que os "papas gritando" parecem estar com dor de dente. Isso, talvez, porque Francis pintava os papas presos dentro de caixas de vidro – ou seria porque eles não escovavam bem os dentes?

Às vezes as pessoas representadas nos retratos de Francis estão tão desfiguradas que é difícil reconhecer quem são. Certa vez, isso causou uma situação constrangedora.

Retrato feito por Bacon causa grande constrangimento

A família Sainsbury (dona de uma rede de supermercados na Grã-Bretanha) sempre colecionou pinturas, incluindo obras de Francis Bacon, que pintou, com seu estilo incomparável e inesquecível, diversos retratos dos membros dessa família. Um dia, um jornalista estava admirando um desses retratos.

Ai! Que fora! Sem dúvida, o jornalista desejou ser engolido pelo chão (ou por um dos *Papas Gritando* de Francis) naquele exato momento.

Confissões de Joseph Mallord William Turner (1775-1851)

Muitos grandes artistas já foram considerados esquisitos pela sociedade. Turner, pintor de paisagens inglês, atualmente é considerado um gênio, mas, se você o tivesse conhecido na época, talvez tivesse bons motivos para pensar que ele era meio desregulado. Em suas próprias palavras...

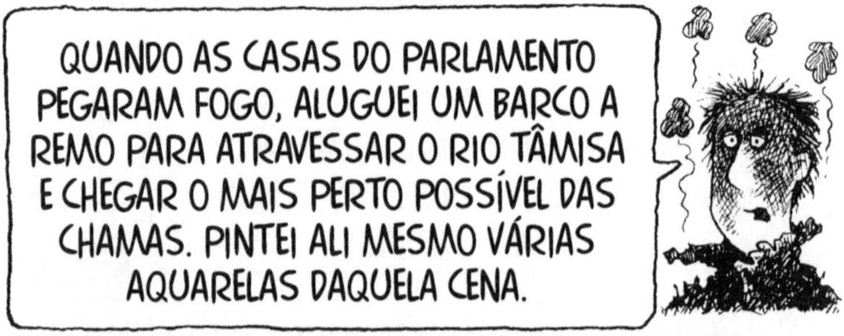

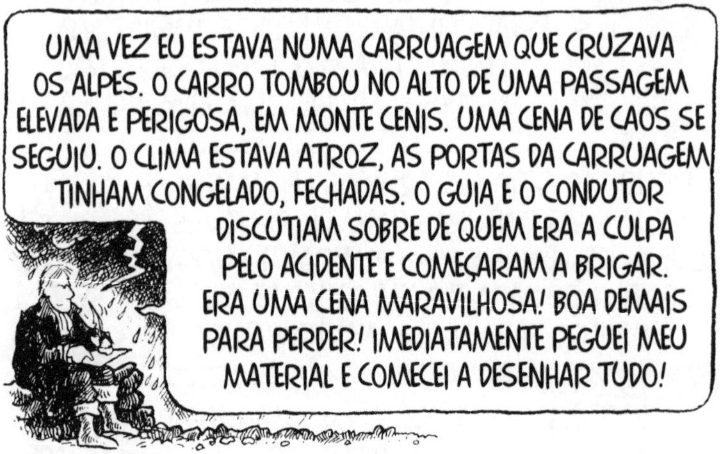

Toques finais

Se Turner não tivesse sido um sujeito tão individualista, talvez nunca tivesse pintado e então não teria deixado para o mundo desfrutar mais de 19 mil pinturas e desenhos fantásticos. Como muitos artistas, ele tinha ideias bem definidas sobre o efeito desejado e como iria consegui-lo. Ter um espírito livre – lutar pelas próprias ideias, haja o que houver – e não seguir a multidão talvez seja o requisito essencial para alguém se tornar um artista, mesmo que isso signifique ser visto como esquisito ou diferente (ou completamente maluco) pelo resto da sociedade.

Em busca da arte: encontre você mesmo!

Claude Monet – *Flood Waters* (*Enchente*) – 1896 – Galeria Nacional, Londres, Inglaterra. – www.nationalgallery.org.uk

Vincent van Gogh – *Wheatfield with Cypresses* (*Seara com Ciprestes*) – 1889 – Galeria Nacional, Londres, Inglaterra. www.nationalgallery.org.uk

Stanley Spencer – *Ressurrection, Cookham* (*Ressurreição, Cookham*) – 1923-1926 – Galeria Tate, Londres, Inglaterra. www.tate.org.uk

Thomas Gainsborough – *Wooded Landscape with Cattle by a Pool* (*Paisagem com Árvores com Gado Junto à Água*) – 1782 – Casa de Gainsborough, Suffolk, Inglaterra. – www.gainsborough.org

Paul Cézanne – *Still Life With Apples and Melons* (*Natureza-Morta com Maçãs e Melões*) – 1890-1994 – Galeria Nacional, Londres, Inglaterra. – www.nationalgallery.org.uk

Maurice Utrillo – *Rue de Mont Cenis à Montmartre* (*Rua de Mont Cenis em Montmartre*) – Centro Georges Pompidou, Paris, França. – www.cnac-gp.fr

Tamara de Lempicka – *Blue Abstract* (*Abstrato Azul*) – 1955 – Museu Nacional de Arte Moderna, Paris, França. – www.cnac-gp.fr

Francis Bacon – *Head Surrounded By Sides of Beef* (*Cabeça Rodeada por Carne*) – 1954 – Instituto de Arte de Chicago, Estados Unidos. – www.artic.edu

Joseph Turner – *The Burning Of The Houses Of Parliament* (*O Incêndio das Casas do Parlamento*) – 1834 – Galeria Clore, Londres, Inglaterra. Alfredo Volpi – Mastros – s/ data – Museu de Arte Moderna de São Paulo, Brasil. – www.mam.org.br

Lasar Segall – *Menino com lagartixas* – *Museu Lasar Segall*, São Paulo, Brasil. – www.museusegall.org.br

OS ARTISTAS QUE TENTARAM "ALCANÇAR" PARTES DE NOSSOS CÉREBROS QUE OUTROS NÃO CONSEGUIRAM

Um grupo de artistas conseguiu convencer quase todo mundo de que era formado por loucos. Eram chamados de surrealistas e criaram, de propósito, um tipo de arte extremamente esquisita... e um pouquinho assustadora. Um dos principais surrealistas foi o artista espanhol Salvador Dalí (1904-1989). Na primeira Mostra Internacional de Arte Surrealista, em 1938, ele disse que as pessoas vivenciariam:

- 1.200 sacos de carvão
- cheiros do Brasil
- um par de calcinhas gigantescas, do tamanho de uma sala!

- A exposição estava em completa escuridão, e os visitantes recebiam lanternas para ver as obras.
- Eles viram uma mulher com cabeça de papagaio cujo corpo estava recoberto de colherzinhas.

- Eles viram outra mulher dentro de um táxi cheio de plantas – lesmas vivas rastejavam pelo rosto dela. De vez em quando começava a chover... dentro do táxi!
- Outra obra era uma xícara com pires – completamente cobertos por pelos de animal. (Alguém não usou o detergente adequado!)

Tudo era muito estranho, porque os surrealistas tentaram usar o subconsciente para fazer sua arte. Isso significa que eles:

1. Bateram uns nos outros até perderem os sentidos, antes de começarem a trabalhar.

2. Pintaram enquanto dormiam.

3. Pintaram com pincéis presos à nuca.

4. Estavam realmente interessados no mundo dos sonhos e nos pensamentos estranhos e bizarros que flutuam nos cantos mais escuros de nossas mentes.

Resposta: 4.

O mundo estranho de nosso subconsciente

Há cerca de cem anos um homem chamado Sigmund Freud começou a cutucar e a remexer nas partes escondidas do cérebro das pessoas – não, não foi com os dedos, mas com perguntas! Ele conversava com as pessoas enquanto elas estavam hipnotizadas ou bem relaxadas. Freud fez uma descoberta espantosa! Ele descobriu que todos nós temos um monte de pensamentos, sentimentos e memórias... que nem sabemos que temos!

Sigmund Freud acreditava que esses pensamentos ficavam escondidos num tipo de armário secreto dentro de nossa cabeça. Ele chamou esse "armário" de subconsciente ou inconsciente e afirmou que, quando sonhamos, é como se espiássemos dentro desse armário do nosso subconsciente.

Quando os surrealistas souberam disso, disseram algo como "Uau! Parece divertido! Vamos abrir os *nossos* 'armários subconscientes' e fazer arte com o que encontrarmos lá. Poderemos pintar nossos sonhos e fazer eventos e exposições nos quais representaremos nossos sentimentos e ideias mais esquisitos!".

Dois surrealistas têm uma conversa surrealista

Arte-fatos surrealistas

1. Surrealismo significa "além do real".

2. Muitos dos artistas surrealistas tentaram levar sua vida de modo surreal.

3. Alguns dos quadros surrealistas são pintados de maneira tão realista que parecem fotografias. Quando se olha para eles tem-se a impressão de que o artista levou uma câmera para sua própria "terra dos sonhos" e tirou fotografias de seus devaneios.

*que diz respeito aos sonhos.

4. Alguns surrealistas produziam obras enquanto estavam num tipo de transe hipnótico (da mesma forma que alguns alunos fazem sua lição de casa).
5. Muitos publicitários, atualmente, fazem anúncios estranhos, em estilo surrealista, para a TV e revistas, a fim de chamar a atenção dos consumidores. Por exemplo, o anúncio de uma bala em que uma ovelha dirige um cortador de grama.

A exposição surrealista que causou certa balbúrdia

Muita gente achava que os surrealistas eram malucos. Em uma exposição, eles também mostraram um filme chamado *Um Cão Andaluz*. Observação importante a todos os leitores sensíveis: por favor, não leiam a próxima sentença! Em uma cena do filme, o olho de uma pessoa é cortado com uma navalha. Tudo bem, podem continuar a ler.

Um grupo de visitantes não gostou nem um pouco da exposição nem do filme. O que aconteceu? Esses visitantes:

1. Ergueram as sobrancelhas e vaiaram.
2. Jogaram tinta púrpura na tela de cinema.
3. Detonaram bombas de fumaça e mau cheiro.
4. Reduziram a pedaços as pinturas dos surrealistas.
5. Bateram nas outras pessoas com porretes.

Resposta:

Eles fizeram todas essas coisas... e depois se sentiram muito melhor.

ATIVIDADE

Crie seu próprio cenário surrealista de sonho... ou pesadelo!

Você vai poder criar imagens de sonhos surrealistas... mesmo não sendo um gênio maluco!

Você vai precisar de:

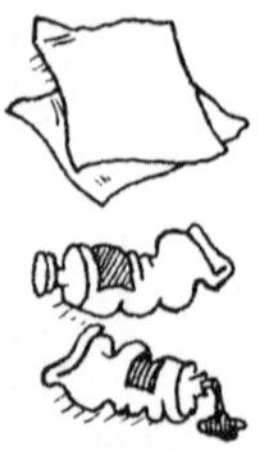

- um pouco de queijo
- tintas e papel
- cola
- tesoura
- muitos jornais e revistas velhos

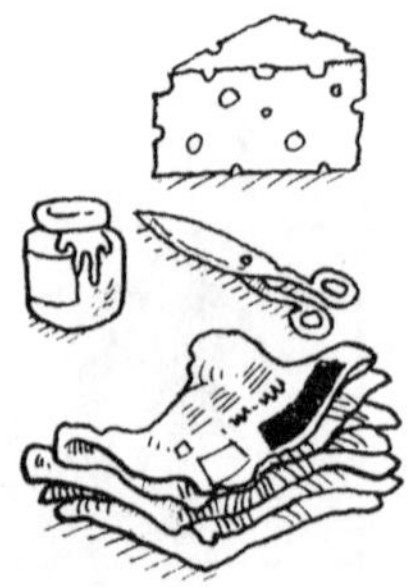

Com esses itens simples você poderá criar um sonho ou pesadelo tão bizarro e estarrecedor que fará as gravatas borboletas dos críticos de arte sair voando.

Tudo o que você precisa fazer é:

- Coma o queijo (opcional), vá para a cama, durma, tenha muitos sonhos estranhos.

- Acorde (opcional), lembre-se dos seus sonhos (anote-os antes de esquecê-los).

- Faça uma composição a partir de suas anotações e lembranças, usando um fundo pintado e fotografias cortadas de revistas.

- Continue arrumando as imagens até formar um quadro realmente esquisito. Deixe sua imaginação, suas lembranças de sonhos – e talvez até seu subconsciente – controlar seus pensamentos e ações.

Ideia de quadro

Esta é para as pessoas que estão sempre dormindo durante seus sonhos e, portanto, não conseguem se lembrar deles.

- Desenhe cabeças de pessoas em corpos de animais (ou vice-versa).
- A seguir, coloque esses seres num cenário que você mesmo pintou, no qual o céu está cheio de objetos deslocados, como barcos a remo ou potes de geleia.

Dalí e daqui

Salvador Dalí sempre teve ótimas ideias. Conheça algumas delas.

AVISO

NÃO TENTE FAZER ISSO EM CASA — OU EM QUALQUER OUTRO LUGAR!

As esquisitices de Salvador Dalí

Primeira maluquice: o pato explosivo

Um dia Salvador Dalí decidiu que queria tirar uma fotografia dele... com um pato. Ele foi até um amigo fotógrafo e disse: "Veja como vai ser: vou pegar um pato e colocar um pouco de dinamite no traseiro do bicho. Quando o pato explodir, eu pulo, e você tira a fotografia!".

Seu amigo ficou um pouco surpreso e respondeu: "Vamos acabar na prisão se começarmos a explodir patos!".

Salvador pensou um pouco e concordou: "Você tem razão. Em vez disso, vamos jogar água em alguns gatos". E foi exatamente o que ele fez.

Segunda maluquice: a palestra sobre arte

Salvador ia dar uma palestra sobre arte surrealista e pensava no que deveria vestir na ocasião. O que você acha que ele escolheu?

1. Seus jeans e camiseta favoritos.

2. Seu traje favorito.

3. Seu pijama.

É óbvio, não acha? Ele decidiu vestir o traje, é claro... o traje para mergulhar em águas profundas, com a tampa do radiador de um automóvel Mercedes grudada no capacete e mãozinhas de plástico grudadas no corpo. Para garantir que seu visual fosse totalmente "descolado", ele acrescentou uns toques finais ao traje, como uma adaga adornada com joias, que prendeu ao cinto... um taco de bilhar... e dois enormes cães de caça irlandeses (os cães não estavam presos ao cinto – ele não era *tão* surreal –; os animais estavam presos a uma guia!).

"Será que estou sonhando? Isto parece *ir*-real!", pensaram diversas pessoas da plateia enquanto Salvador andava até o púlpito de onde daria sua palestra... mas... era exatamente essa a ideia, certo?

Uma palestra de tirar o fôlego

Durante sua apresentação, Salvador descobriu que o traje de mergulho talvez não tivesse sido a melhor escolha para aquela noite. As pessoas não conseguiam ouvir o que ele dizia. Pior ainda, o escafandro impedia que o ar chegasse até ele, que começou a sufocar! Ele começou a fazer sinais frenéticos para que alguém o ajudasse, mas a plateia, fascinada, não parecia perceber que o palestrante estava morrendo diante de seus olhos.

Finalmente, os organizadores perceberam que havia algo errado e fizeram um esforço desesperado para salvar Salvador de seu traje assassino. Eles não conseguiam soltar as porcas e parafusos que prendiam o capacete, de modo que Salvador continuou a sufocar! Alguém correu para fora da sala e encontrou um operário que fez a gentileza de emprestar sua chave de fenda. Salvador foi salvo do traje de mergulho por uma fração de segundo!

Terceira maluquice: o baile dos sonhos

Salvador organizou um tipo de festa surrealista. Os convidados eram recebidos por um porteiro sentado numa cadeira de balanço, na calçada, vestido de rosas. Então eles tinham de passar por um bloco enorme de gelo amarrado por uma fita vermelha, que bloqueava parcialmente a entrada. Uma vez lá dentro, os convidados podiam dançar ao som de músicas que vinham de uma vaca morta que usava véu de noiva. Seu estômago tinha sido removido e substituído por um toca-discos. (Nada de mais – deve ter sido como uma das festas de fim de ano da escola!)

As invenções úteis de Salvador Dalí

No começo, as pessoas tinham medo de comprar as pinturas de Salvador Dalí, pois elas eram muito esquisitas (as pinturas, não as pessoas). Assim, para faturar algum dinheiro, ele decidiu inventar coisas que seriam úteis, como:

1. Um sofá que parecia exatamente igual aos lábios da famosa estrela de cinema Mae West.

2. Unhas postiças com pequenos espelhos grudados, para que a usuária pudesse se admirar sempre que quisesse.

3. Móveis feitos de baquelita (um tipo primitivo de plástico) que eram moldados no formato do corpo do usuário.

4. Sapatos com molas, para tornar as caminhadas mais divertidas.

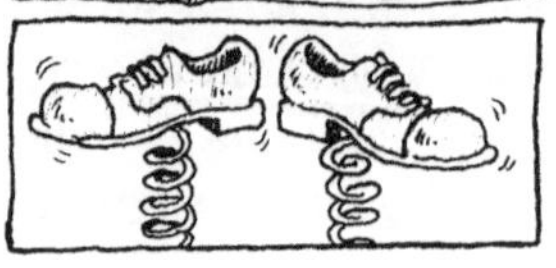

A última ideia não lembra os modernos tênis esportivos, com amortecedores internos? Muitas das invenções de Salvador Dalí foram consideradas absurdas na época, mas 50 anos depois não parecem tão estranhas assim. Na verdade, algumas delas são muito úteis atualmente. O sofá em forma de lábios é usado no cenário de um programa de TV. Assim como Vincent van Gogh e muitos outros artistas, acredita-se que Salvador Dalí estava à frente de seu tempo em muitos aspectos.

René Magritte e o cachimbo que não era um cachimbo

CÔTE DE BRUXELAS

17 de setembro

NÃO É UM CACHIMBO? ISSO É UMA PIADA!

Esses surrealistas malucos aprontaram de novo. Vamos lá, René, quem você acha que está enganando? René Magritte (1898-1967), denominado artista surrealista, pintou o quadro de um cachimbo. Imagine o que o pintor pirado fez! Ele chamou o quadro de *Isto não é um Cachimbo*! Ora essa, Sr. Magritte! Quem você pensa que está enganando? Nós, leitores do *Côte*, não somos burros, fique sabendo! É claro que é um cachimbo! O que mais poderia ser? Aposto que você vai tentar nos convencer de que é um objeto de madeira curvo e oco, feito para inalar fumaça proveniente de matéria vegetal seca! Ha! Ha! Ha! Tente outra.

Ceci n'est pas une pipe

Como se isso não bastasse, ele pintou outro quadro. Nesse está chovendo, mas em vez de gotas de água caem

dezenas de homens! Nós perguntamos ao leitor: será que ele espera que nós acreditemos que isso poderia acontecer?
Mostramos uma cópia desse quadro para o Sr. Michel Poisson (Peixe), leitor habitual do Côte e meteorologista amador.
"É como um sonho muito esquisito, irreal e totalmente inacreditável!", disse o Sr. Poisson. "Quero dizer, nunca vi um boletim meteorológico que dissesse 'a manhã será clara e ensolarada, seguida por pancadas de chuva de homens idênticos, usando chapéu coco e sobretudo preto'! Ha! Ha! Ha! Ha!"
O Côte afirma: "Você é uma piada, René! Vocês, surrealistas, é que são pancadas, sabiam? Acordem e caiam na... real!".

Os jornalistas do *Côte de Bruxelas* obviamente não perceberam que a pintura de René com homens descendo dos céus era onírica. Eles também não entenderam a mensagem do quadro com o cachimbo. René tentava dizer que o quadro *definitivamente* não era um cachimbo. E ele tinha razão. Não era um cachimbo. Era um pedaço de tela coberto de tinta que, disposta de certa forma, causava a impressão ou ilusão de um cachimbo. É ver para crer!

Max Ernst e as fascinantes tábuas do assoalho

Max Ernst (1891-1976) era um artista surrealista alemão que gostava de sua parcela de meditação e alucinação. Um dia, sentado num bar à beira-mar, pensando enquanto mastigava amendoins torrados, reparou de repente nas tábuas do assoalho. Instantaneamente, ficou hipnotizado pela superfície áspera delas. Ele não conseguia parar de olhar para as tábuas. Sem poder se conter, ele as cobriu com folhas de papel e começou a friccioná-las com um lápis. Ele havia descoberto a técnica artística que ficou conhecida como *frottage*! *Frottage* é uma palavra francesa que significa friccionar ou esfregar. Você pode se perguntar por que não chamar a técnica simplesmente de "fricção" ou "esfregadura"? Bem, não teria a mesma graça, nem pareceria intelectual, concorda?

Max também desenvolveu diversas técnicas artísticas bem divertidas para se ocupar nas longas noites de inverno. Entre elas temos oscilação, *grattage*, colagem e decalcomania. Você pode se divertir com todas elas na tranquilidade do seu lar, e não vai ser chamado de surrealista por causa disso.

ATIVIDADE

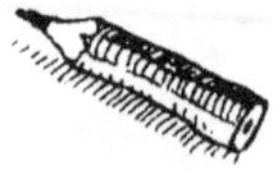

Crie suas obras-primas usando as técnicas de Max Ernst

Número um: oscilação

- Amarre um cordão em volta de um pote de iogurte. Faça um furinho bem pequeno no fundo e segure-o pelo barbante sobre uma grande folha de papel.
- Agora balance-o (o pote, não o papel!).
- Você vai ver padrões interessantes se formando no papel (ou nas paredes do quarto).
- Nada aconteceu? Experimente colocar tinta no pote.

Número dois: decalcomania

- Cubra uma folha de papel com tinta, comprima uma segunda folha sem tinta contra a primeira e depois remova-a.

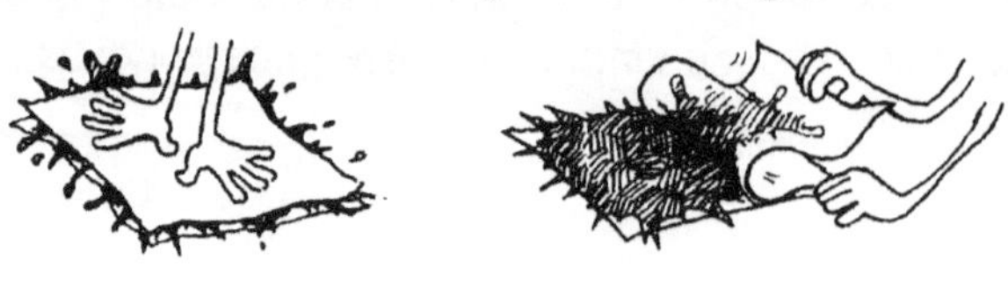

• Comprima a segunda folha contra uma terceira, sem tinta. Pressione a terceira contra uma quarta e assim por diante. Cada folha de papel terá uma figura diferente, conforme a quantidade de tinta no papel for diminuindo.

Você pode continuar com essa atividade pelo tempo que quiser, mas cuidado para não se tornar um decalcomaníaco desvairado. Sabemos de pessoas assim que se deixaram levar por essa atividade e usaram uma floresta inteira em uma tarde!

Número 3: frottage e grattage

Para essas atividades você deve deixar seu inconsciente entrar em contato com alguma superfície texturizada – como Max fez quando estava no bar. Você não precisa ir a um bar para praticá-las.

• Qualquer superfície velha serve, desde que não seja muito lisa.

• Utilize algo como um pedaço de madeira áspera ou tecido grosseiro ou, ainda, um rinoceronte de bom humor.

• Coloque a folha de papel sobre a superfície e esfregue com um lápis. Você provavelmente sentirá seu subconsciente entrando em contato com o objeto que estiver friccionando.

Grattage é uma técnica semelhante a *frottage*, mas, em vez de usar lápis, você usa tinta.

- Coloque a folha de papel sobre a superfície texturizada. A seguir, distribua um pouco de tinta sobre essa folha.

- Espalhe a tinta pela folha usando uma régua de madeira ou uma espátula. O padrão produzido pela tinta vai se assemelhar ao da superfície escolhida.

Todos os padrões e texturas que você reproduzir nessas atividades têm o objetivo de liberar sua imaginação. Você pode enxergar formas interessantes nesses trabalhos, que depois poderá desenvolver em figuras identificáveis.

Quando terminar sua atividade, você pode fazer uma colagem com os pedaços de que mais gostar, recortando-os e colando-os em outra folha de papel.

Max combinou todas essas técnicas em uma de suas bonitas obras, chamada *Vox Angelica* (*Voz Angelical).*

Toques finais

Muitos artistas expressam seus pensamentos subconscientes pelo seu trabalho. Às vezes, eles nem sabem que o estão fazendo.

Pergunta: Duda tem um desejo inconsciente de que coisas terríveis aconteçam com seu pobre professor de arte?

Resposta: Não, é claro que não! O nome do professor dele é Atanásio. Duda tem um desejo subconsciente de que coisas terríveis aconteçam com seu dentista, o Sr. Reinaldo.

Em busca da arte: encontre você mesmo!

René Magritte – *This Is not a Pipe* (*A traição das imagens*) – 1928-1929 – Coleção William N. Copley, Nova York, Estados Unidos.

Salvador Dalí – *Soft Construction With Boiled Beans* (*Construção Macia com Feijões Cozidos*), "Premonição da Guerra Civil" – 1936 – Museu de Arte da Filadélfia, EUA.

Max Ernst – *They Have Stayed Too Long In the Forest* (*Eles Ficaram Tempo Demais na Floresta*) – Museu Saarland, Saarbrucken, Alemanha – www.saarlanmuseum.de

Octávio de Araújo – *Tocata Onírica* – 1972 – Museu de Arte Moderna de São Paulo, Brasil – www.mam.org.br

RABISCOS VALIOSOS

PROCURAM-SE ARTISTAS

FAÇA FORTUNA!
SUAS GARATUJAS PODEM LHE DAR UMA BOA GRANA!
(MAS SEUS RABISCOS PODEM SER SÓ RISÍVEIS!)

Sofrendo pela arte – uma série de histórias tristes

Salvador Dalí, enfim, ganhou tanto dinheiro com sua arte que pôde construir um luxuoso castelo para morar. Nem todos os artistas têm essa sorte – às vezes o mundo não consegue reconhecer um talento, e este passa toda a sua vida na pobreza. O que você preferiria ser, um pintor pobre ou um mega-astro das artes, milionário? Caso esteja considerando se tornar um artista, saiba que existem vários caminhos que poderá seguir em sua carreira. Escolha o rumo mais adequado à sua personalidade. Você gostaria de ser:

1. Muito pobre por um tempo... depois fabulosamente rico.
2. Muito pobre... depois fabulosamente rico... e então fabulosamente pobre.
3. Fabulosamente rico... depois fabulosamente mais rico.
4. Muito pobre durante anos e anos e depois fabulosamente rico, mas morto.
5. Muito pobre... seguido por uma penúria tão grande que o obrigaria a vender os próprios dentes.

Infelizmente, a maioria dos artistas não pode escolher o rumo de sua carreira – o rumo os escolhe. Alguns são agraciados pela boa sorte, enquanto outros são atormentados por um destino incerto. Quem são os miseráveis, os milionários e os condenados das artes? Leia e descubra...

A notável ascensão de Pablo Picasso

No início da carreira, o artista espanhol Pablo Picasso (1881-1973) vivia na total pobreza em Paris. Ele era tão pobre que nem sempre podia comer. Dizem que ele costumava roubar leite da porta das casas e foi obrigado até a dividir a cama com um poeta, mas não ao mesmo tempo. Eles usavam a cama em turnos. Pablo dormia de dia e pintava à noite, enquanto seu amigo, o poeta Max Jacob, dormia de noite e trabalhava de dia. Pablo e Max também compartilhavam um casaco e uma cartola.

Certo dia, cansados de estarem pobres e famintos, os dois jovens artistas resolveram fazer uma loucura e compraram... uma linguiça. Mas era uma linguiça barata e, em vez de estar cheia de carne, estava repleta de gás. Quando tentaram cozinhá-la, ela explodiu. Pablo lembrou-se disso pelo resto da vida, e Max até escreveu poemas sobre ela.

Apesar de todos os problemas, Pablo continuou a apostar tudo em sua carreira de artista – ele estava determinado a alcançar o sucesso. Como não podia pagar modelos artísticos, ele pintava as pessoas do seu bairro, que também eram pobres. Os quadros dessa época (1901-1904) estão cheios de pessoas carentes, todas magras e parecendo com frio e famintas, assim como ele.

Além de serem pobres, as pessoas nos quadros de Picasso eram azuis – na verdade, toda a pintura era azul. Isso porque ele usava muitos tons diferentes de azul para dar um clima de isolamento, desolação e desespero ao seu trabalho. Talvez o próprio Picasso estivesse azul, naquela época, pois os invernos parisienses eram congelantes. Como resultado, esse período da vida de Picasso é conhecido atualmente como "período azul". (Que ideia brilhante!) Logo se seguiram:

- O período rosa (quando ele se animou um pouco e pintou quadros com um brilho rosado).

- O período negro (quando ele ficou ainda mais animado e foi influenciado pelas cores e formas da arte africana).
- O período cubista (quando ele se sentia o máximo e foi influenciado por Cézanne).

À medida que seus vários estilos se desenvolviam, as pessoas começaram a comentar: "Esse Pablo Picasso é um artista magnífico. Ele é tão versátil, criativo e talentoso! Provavelmente é um gênio. Vamos lhe dar uma grana alta por suas esculturas e uma nota preta pelas pinturas!".

Foi o que fizeram, e Pablo ficou rico... milionário... multimilionário... e logo podia comprar coisas legais, como carvão (para o aquecimento), linguiças não explosivas e casas luxuosas na Riviera Francesa. Ele nunca parou de trabalhar; continuou a produzir arte de qualidade até quase os 90 anos. "É como se transformasse o material que usava em ouro!", maravilhavam-se seus amigos. E era verdade! Quando Pablo morreu, deixou uma fortuna de mais de 1 bilhão de dólares!

A ideia brilhante de Anne Girodet – será?

Para ganhar dinheiro, os artistas precisam saber calcular o custo de seu trabalho. Alguns calculam pelo tamanho, outros pelo tempo e ainda pela matéria-prima gasta. O método de Anne-Louis Girodet era um pouco diferente.

Assim como Pablo Picasso, ele descobriu que não era fácil pintar à luz de velas, à noite. Para começar, onde se deve colocar as velas para ter a melhor luz possível e enxergar o trabalho? Nas orelhas?

O artista francês Anne-Louis Girodet (1767-1824), que apesar do nome era homem, teve uma ideia luminosa. Anne sempre trabalhava à noite e, para enxergar o que pintava, mandou fazer um chapéu especial. Esse capacete espantoso tinha dúzias de castiçais presos em volta da aba. Girodet era realmente um artista brilhante. Seu chapéu podia suportar quarenta velas, e ele, parecido com uma notável árvore de Natal humana, cobrava de seus clientes de acordo com a quantidade de velas que tinha usado durante a criação da pintura.

Mão de vaca!

Alguns artistas são muito bem-sucedidos durante a maior parte de sua carreira, mas continuam sendo pães-duros, não importa quanto ganhem. São sovinas demais até para comprar uma vela.

O escultor inglês Joseph Nollekens (1737-1823) ganhou muito dinheiro fazendo esculturas e bustos de pessoas famosas na Inglaterra do século XVIII. As celebridades da época estavam dispostas a pagar grandes quantias para ter suas imagens esculpidas em pedra – que turma vaidosa! Ainda que rico, Joseph era incrivelmente avarento. Veja como o velho sovina economizava dinheiro:

1. Ele ficava no escuro, em casa, para não ter de comprar velas.
2. Ele ia aos fundos do açougue para pegar sobras de carne e assim preparava o jantar.

3. Ele fazia contrabando. Antes de embarcar suas esculturas ocas para a Inglaterra (ele as fazia fora da ilha), Joseph escondia itens de luxo dentro delas, como luvas, rendas caras e meias de seda. Os funcionários da alfândega não suspeitavam de nada, e o malandro Nollekens não pagava impostos de importação.

4. Quando jantava fora, ele sempre levava as sobras para casa, dizendo que eram para o cachorro. Só que eram para ele e a mulher comerem depois.
5. Ele nunca acendia as lareiras de sua casa, nem em pleno inverno!
6. Ele possuía uma única roupa de baixo. Vestia a mesma cueca meses a fio, e só trocava quando rasgava. ECA! Por que as pessoas não o chamavam de Joseph Mellequento?

Não é de admirar que esse escultor fedido tenha deixado mais de 350 mil dólares quando morreu. Isso era um monte de dinheiro em 1823, e continua sendo até hoje!

Vacas... Peter de Wint e sua remuuuneração

Peter de Wint (1784-1849), um inglês pintor de paisagens e professor de arte, era um avarento que estava sempre procurando alguma oportunidade de ganhar dinheiro. Certo dia, ele estava observando um de seus alunos pintar uma paisagem. Peter decidiu que o quadro do rapaz ficaria muito melhor se tivesse algumas vacas. Então, ele mesmo as pintou para o jovem. Quando o aluno recebeu a conta pela aula, ficou surpreso ao ver que seu professor pelintra tinha lhe cobrado um extra... pelas vacas!

E por esta obra-prima... nada!

Alguns negociantes de arte ficaram conhecidos por se aproveitarem de pobres e desesperados artistas.

Certa vez Gericault (1791-1824), um pintor francês que tinha paixão por cavalos, estava tão quebrado que não tinha dinheiro nem para comprar telas. Desesperado para ter algo em que pintar, ele foi até um negociante e lhe disse: "Se você me der uma tela em branco, eu lhe dou esta pintura de um oficial da cavalaria em sua montaria!".

"Como assim, sem nenhum extra?", perguntou o negociante, atônito.

"Isso é tudo o que posso lhe oferecer", respondeu Gericault.

"Tudo bem!", concordou o negociante, que ficou com a obra-prima de Gericault, *Le Cuirassier*, em troca de uma tela em branco. O negociante passou o resto do dia com a sensação de que tinha feito um ótimo negócio.

Se Gericault tivesse guardado aquela tela vazia por cerca de 180 anos, poderia ter ganhado algum dinheiro, assim como aconteceu com William Turnbull.

Isso é um urso polar ou uma tempestade de gelo?

O artista britânico William Turnbull (1922-) inscreveu uma tela completamente vazia (toda pintada com tinta branca) na mostra John Moores de 1978. Ele recebeu cerca de 5 mil dólares por ela – mas talvez preferisse um cheque *em branco*.

Qualquer cor... desde que vazia

Ad Reinhardt (1913-1967) se deu ainda melhor com sua tela vazia. Ele a pintou toda de preto... e a vendeu por 40 mil dólares! Sua conta bancária, por outro lado, saiu do vermelho.

A tela de Reinhardt, na verdade, não estava completamente vazia, nem a de Turnbull – elas "pareciam" vazias para quem não prestasse muita atenção nelas. William tinha se esforçado em criar uma superfície realmente interessante com a tinta que colocara sobre a tela. Ele esperava que as pessoas notassem a textura fascinante da tinta e não apenas a sua cor.

Reinhardt também estava interessado na cor, principalmente na "ausência de cores". Sua tela estava composta de diversos retângulos pintados em variados tons de preto. As pessoas que veem essas telas como "vazias" estão perdendo uma interessante experiência visual. Dedicar momentos a uma observação cuidadosa de uma obra de arte pode ser gratificante, ainda que não imediatamente. Olhe... olhe... e olhe mais um pouco!

"Estou morrendo de fome! Assim que ganhar algum dinheiro vou comprar um pedação de carne... e pintá-lo!"

Quando os artistas batalhadores começam a ganhar rios de dinheiro, eles nem sempre gastam para melhorar seu padrão de vida. Chaim Soutine (1893-1943) saiu de um vilarejo na Lituânia porque queria, desesperadamente, ser artista. Quando tinha sete anos, roubou a melhor faca de cozinha de sua mãe para vendê-la e assim comprar lápis de desenho. Quando ela descobriu, ficou tão brava que o trancou num armário do porão por dois dias.

Isso não bastou para fazer Chaim desistir de ser artista, mas, infelizmente, sua família era muito pobre para mandá-lo a uma escola de arte.

Um dia, porém, a sorte de Chaim "melhorou", e ele foi espancado pelo filho de um sacerdote. Isso aconteceu porque Chaim tinha feito um desenho do sacerdote mesmo contra a vontade deste.

O homem de Deus foi forçado a pagar uma indenização à mãe de Chaim, pela agressão a seu filho. Assim, com esse dinheiro, ela pôde cuidar de Chaim e mandá-lo para a escola de arte.

Infelizmente, depois de passar pela escola de arte, Chaim continuava desesperadamente pobre, ainda que fosse um artista talentoso e trabalhador. Isso podia ter alguma relação com o fato de ele nunca deixar ninguém ver seus quadros. Chaim tinha um medo mórbido de exibir suas obras em exposições de arte. No mundo desalmado da arte, acredite se quiser, no qual muitos compradores desalmados pedem, sem piedade, para ver uma pintura antes de comprá-la, a resistência em mostrá-la pode ser uma desvantagem.

Agindo assim, Chaim permanecia pobre e passava fome. Com frequência, ele ficava horas nos balcões de bares e restaurantes esperando que alguém se apiedasse e lhe comprasse algo para comer. As pessoas, contudo, faziam o possível para evitá-lo, pois, além de Chaim ser muito pobre e faminto, ele era extremamente sujo... e também fedido de torcer o nariz.

Apesar de todos os problemas, Chaim finalmente começou a ganhar dinheiro com sua arte e pôde comprar algo que sempre quis: uma carcaça de boi. Mas Chaim não queria fazer um churrasco, ele queria pintar o bicho morto: então, pendurou a carcaça no teto de seu ateliê e começou a retratá-la. Sempre que o boi começava a perder a cor, Chaim mandava seu assistente ir ao matadouro local e pegar alguns baldes de sangue, que ele derramava sobre a carcaça. Assim, ele garantia que o boi mantivesse sua aparência de "recém-abatido" durante todo o tempo da pintura.

Depois de algum tempo, o boi começou a apodrecer e ficou insuportavelmente fedido. Parece que Chaim não reparou nisso, talvez por ele mesmo estar catinguento. A polícia e as autoridades sanitárias, contudo, repararam e ordenaram que ele se livrasse da coisa. Chaim implorou que o deixassem continuar, afirmando que a arte é muito mais importante que assuntos triviais como a saúde pública e os cheiros revoltantes, capazes de asfixiar o bairro todo. Bem, ele conseguiu terminar a pintura do boi, que hoje é o astro do famoso quadro de Chaim intitulado *O Outro Lado da Carne.* Chaim pintou uma série de quadros com o título *Lado da Carne*. Um deles está exposto na Galeria Albright Knox, na cidade de Búfalo (um lugar bastante apropriado), nos Estados Unidos.

Despesas imprevistas

Da mesma forma que ganham dinheiro com suas pinturas, os artistas têm de gastar em coisas como pincéis, tintas, telas... e aquecimento para manter a água do banho quente o dia todo, todos os dias, os quatro meses de inverno!

O artista britânico John Everett Millais (1829-1896) gostava de pintar quadros românticos lindamente detalhados. Ele se sentia muito inspirado por uma passagem de *Hamlet*, peça de Shakespeare, aquela em que uma jovem chamada Ofélia cai no rio enquanto colhe flores – garota tonta, por que não colheu flores num campo? Em vez de gritar pedindo socorro, Ofélia vai flutuando pelo rio, ainda segurando as flores.

John achou que essa linda cena resultaria numa belíssima pintura, então escolheu um rio e passou todo o verão sentado ao lado dele com seu cavalete e suas tintas. Acontece que durante todo aquele tempo não passou nenhuma linda mulher flutuando e segurando um buquê de flores. No final, John só conseguiu mesmo pintar o rio.

Ele, então, decidiu contratar uma modelo para posar como Ofélia e pediu à jovem Lizzie Siddal que flutuasse um pouco para ele. Em vez de pôr Lizzie no rio e se arriscar a perdê-la, John achou que seria uma boa ideia se ela flutuasse na banheira de sua casa.

"Tudo bem", concordou Lizzie, "desde que a água esteja quente e eu possa ficar de roupa!"

"Sem problema, querida!", disse John. "Você pode usar um lindo vestido prateado. Quanto à água quente, vou manter lamparinas acesas embaixo da banheira durante o tempo que você estiver lá, para que você possa cozinhar lentamente enquanto faço minha obra-prima."

John era realmente um detalhista, e Lizzie teve de ficar no banho por quatro longos meses de inverno enquanto ele lutava para aperfeiçoar cada detalhe da pintura.

John, por sorte, era um homem razoável e permitia que Lizzie saísse do banho de vez em quando – para que sua pele não ficasse toda enrugada – e também fizesse as coisas normais como todos nós, tais como fazer compras, comer e... tomar banho.

Um dia, enquanto estava na banheira de John, os dentes de Lizzie começaram a bater e sua pele ficou azul.

Ao voltar para casa, certa noite, o nariz de Lizzie escorria tanto que ela quase não conseguia alcançá-lo.

"Chame-me um médico!", ela pediu a seu pai assim que entrou em casa.

"Um médico!", ele repetiu.

O gracejo de seu pai não ajudou Lizzie a se sentir melhor, e eles decidiram chamar o médico para examiná-la. Quando chegou, o doutor disse a Lizzie que ela estava resfriada.

"Eu sei disso!", resmungou Lizzie, "e eu sei por quê! É culpa daquele tonto do Millais. Ele se esqueceu de acender as lamparinas embaixo da banheira! Atchim! Atchim! Atchim!"

Depois de pegar um lenço para a filha e perguntar por que Millais a mantinha em sua banheira, o Sr. Siddal foi até a casa do pintor e disse: "Veja esta conta do médico. Ela é de sua responsabilidade. Você vai ter de arcar com esta despesa, amigo!".

Assim, John Millais não teve apenas gastos com tintas, telas, pincéis e banhos quentes. Ele também teve de pagar a conta do médico de Lizzie. Mas, no final, tudo valeu a pena, porque a tal pintura é absolutamente linda e já alegrou milhares de pessoas desde o primeiro dia em que foi exposta. Esse quadro de Ofélia está em exposição na Galeria Tate, em Londres.

Dos farrapos à fartura

Às vezes, um artista é descoberto da noite para o dia. A história a seguir é sobre uma dessas descobertas. **Observação importante:** o cenário da história é o Mundo da Arte, local habitado por críticos, negociantes e colecionadores (e um ou dois artistas). As pessoas que vivem nesse mundo à parte comunicam-se por meio de uma linguagem especial chamada "arte-ficial", ou "artês". No decorrer da nossa história, muitos personagens falarão em "arte-ficial". Não se preocupe se não conseguir entender o que dizem – pois eles também não conseguem!

Frequentemente, os artistas trabalham em suas criações durante anos a fio, passando fome nos buracos em que habitam, ficando cada vez mais magros e menores. Suas obras passam completamente despercebidas durante uma eternidade, até que, um dia, são descobertas por um crítico de arte.

2
QUE OBRA FANTÁSTICA! EXPRESSA O ZEITGEIST NEOMINIMALISTA DO FINAL DO SÉCULO XX!
HÃ... ESSA É A PILHA DE TRAPOS QUE USO PARA LIMPAR OS PINCÉIS... MEUS QUADROS ESTÃO ALI!
3
SÃO MARAVILHOSOS! SUA APREENSÃO DO ANGST FAUX NAIVE PÓS-MODERNO PSEUDO-BUCÓLICO É SINISTRA!
ESSE CARA É DOIDO DE PEDRA!
EU NÃO TERIA DITO MELHOR, CHEFE!
4
QUE QUADROS! SEU USO DO FROTTAGE NEO-DADÁ FIN-DE-SIÈCLE É PRIMOROSO! SUBLIME!
AQUELE IDIOTA PENDUROU TUDO DE CABEÇA PARA BAIXO!
ISSO MESMO. É O QUE MINHA MÃE SEMPRE DIZIA!

5
É TUDO TÃO PICASSOESCO!
VOCÊ REPAROU? PARECE QUE OS OLHOS DAQUELA ESCULTURA SEGUEM A GENTE PELA SALA!
NA VERDADE, QUERIDO, ACHO QUE AQUELE É O SEGURANÇA
OBA! ESPETI-NHOS DE SALSICHA!
6
QUE OBRA-PRIMA! EU LHE DOU 10 MIL!
EU LHE DOU 20 MIL!
EU LHE DOU 15 MIL!
TUDO BEM, NEGÓCIO FECHADO!
QUE CONFUSÃO É ESSA?
7
Galeria
ORA, VEJAM SÓ! ELE COMPROU A PILHA DE TRAPOS COM OS QUAIS EU LIMPAVA OS PINCÉIS! NUNCA PENSEI QUE ELES VALESSEM TANTO!

É Vermeer para crer!

Nem todos os artistas têm a mesma sorte do artista da nossa história. Mesmo depois de completar, com sucesso, seu treinamento como artesão e ser considerado um mestre pintor, o artista holandês Jan Vermeer (1632-1675) teve sérias dificuldades em encontrar compradores para seus quadros. Jan pintou cenas interiores ricamente detalhadas, muitas das quais mostravam mulheres vestidas com apuro tocando instrumentos musicais. Suas pinturas são notáveis pela sensação de paz e calma que transmitem.

Parte um: abaixo da linha de pobreza

Jan Vermeer pintava muito... muito d-e-v-a-g-a-r, e suas obras não rendiam para o sustento dele, de sua esposa e dos onze filhos. Alguns de seus quadros lhe foram tomados por seu padeiro, pois Vermeer não conseguia pagar nem a conta da padaria! Quando morreu, ele devia tanto dinheiro que todos os seus 21 quadros restantes foram vendidos para pagar dívidas. Mesmo assim, o dinheiro levantado não foi suficiente para pagar tudo o que devia. Parece que, em 1675, ninguém dava muita importância para as pinturas de Jan Vermeer.

Parte dois: a maior conga do mundo

Se o fantasma de Vermeer voasse para Washington, nos Estados Unidos, 321 anos depois, em 1996, teria visto milhares de pessoas esperando numa fila longuíssima, acampando na rua durante a noite em meio a temperaturas congelantes e tempestades de neve. Para que era essa fila?

1. Para comprar ingressos para o show de despedida da volta de Michael Jackson.
2. Para pegar ônibus, mas eles estavam atrasados por causa da tempestade.
3. Para aproveitar uma grande liquidação.
4. Para entrar no *Livro Guinness de Recordes* como a maior conga do mundo.

Nenhuma das anteriores. Mas você já sabia disso, não é? Continue lendo e descubra para que era a fila.

Parte três: "Quem, eu? Você deve estar brincando!"

Sem dúvida, o fantasma de Vermeer deve ter pensado...

Se pensasse assim, estaria completamente enganado. Aqueles milhares de pessoas enfileiradas não eram pedintes. Eram americanos amantes da arte aguardando dia e noite para conseguir ingressos para ver uma exposição de apenas 21 de seus quadros na Galeria Nacional.

Parte quatro: "Quero me sentir calmo... que tal um soco nas fuças?"

À época da exposição em Washington, amantes de arte de todo o mundo já tinham chegado à conclusão de que os quadros de Jan Vermeer eram absolutamente brilhantes. Diziam que quem olhava suas pinturas sentia-se imediatamente calmo, feliz e tranquilo! Os ingressos para a exposição se esgotaram rapidamente, e milhares de pessoas ficaram decepcionadas.

Essa mostra foi visitada por mais de 300 mil pessoas durante os dois meses em que ficou aberta. Algumas pessoas na fila ficaram tão desesperadas para entrar e ver as pinturas (e se sentir calmas e tranquilas) que começaram a bater umas nas outras.

Arte tão valiosa... que não tem preço?

As pinturas de Vermeer, hoje, pertencem a algumas das pessoas mais ricas do mundo. Dizem que essas obras de arte não têm preço. Seus proprietários têm ciúme delas, e alguns não gostam da ideia de emprestá-las para mostras públicas. Foram necessários quatro anos para convencer a rainha da Inglaterra a emprestar seu Vermeer para a exposição de Washington.

O que significa quando se diz que a obra de um artista não tem preço?

1. Ela não vale um tostão furado.
2. O adesivo com o código de barras descolou, e a pessoa que trabalha no caixa tem de levantar a obra-prima e gritar: "Matoso, veja para mim o preço do Vermeer esta semana – acho que está em oferta".
3. O proprietário não consegue lembrar quanto pagou por ela.
4. A obra tem um valor tão absurdamente alto que o proprietário não consegue imaginar quanto pediria por ela caso tivesse de vendê-la.

Resposta: 4. A obra tem um valor tão alto que é impossível de calcular.

A (triste) história do sucesso de Vincent van Gogh

Outro artista holandês que teve dificuldade em encontrar compradores para suas pinturas foi Vincent van Gogh. Ele simplesmente não conseguia vender seus quadros, apesar de ter pintado mais de 800 deles... e ter um irmão que era negociante de arte!

Ainda que sua obra fosse ignorada, Vincent conseguia ver o lado bom da vida. Ele foi morar numa casa amarela no sul da França, onde pintou muitos motivos alegres, como móveis amarelos, girassóis amarelos e casas... amarelas. Para poder continuar sua vida de artista, Vincent viveu numa pobreza horrível (existe outro tipo?). Às vezes ele não tinha o que comer, a não ser biscoitos para marinheiros e ovos. Um dia, Vincent comeu suas tintas – não porque eram saborosas, mas porque estava desesperado e tentou se envenenar. Apesar de todo aquele sofrimento, Vincent continuou a pintar seus quadros maravilhosos, sem, contudo, conseguir vendê-los.

Então, finalmente, depois de muitos e muitos anos difíceis, as coisas começaram a melhorar. Uma das pinturas de girassóis de Vincent foi vendida na casa de leilões Christie's, em Londres, por cerca de *42 milhões de dólares*, e as coisas começaram a mudar. De repente, todo mundo queria uma pintura de Vincent. Alguns meses depois, um bilionário australiano pagou mais de 50 milhões de dólares pela tela *Íris*.

Surpreendentemente, as telas de Vincent van Gogh continuaram a se valorizar. O retrato que Vincent fez de seu amigo, o doutor Gachet, foi vendido por espantosos... 85 milhões de dólares! A essa altura Vincent, infelizmente, já estava morto havia mais de cem anos, e sem dúvida ficaria desapontado por não ter obtido o mesmo sucesso em vida. Ele poderia ter comprado uma quantidade absurda de biscoitos para marinheiro, além de uma frota de iates de luxo para estocá-los.

O pobre Vincent era verdadeiramente apaixonado pelas coisas que pintava. Seus quadros de girassóis, íris e as paisagens francesas ensolaradas pareciam vibrar e pulsar com a energia das cores. As pinceladas marcantes, as grossas camadas de tinta e a sensação estimulante que emana de suas pinturas, entretanto, estavam muito à frente para o público do final do século XIX. Sua obra era considerada grosseira e espalhafatosa.

Muitos anos se passaram antes que o mundo começasse a apreciar o talento de Vincent van Gogh – as pessoas realmente precisaram se acostumar com seu novo e energético estilo de arte. Hoje em dia, suas pinturas são consideradas geniais. Milhares de pessoas decoram as paredes de suas casas, escolas e escritórios com reproduções de seus quadros – ou com os próprios, se tiverem de 65 a 85 milhões de dólares para gastar!

Algo especial

Quanto vale, realmente, uma obra de arte? Os tubos de tinta e telas que Vermeer e Van Gogh usaram em suas pinturas devem ter lhes custado alguns poucos trocados... mas colecionadores de arte milionários um dia pagaram milhões por seus quadros. E isso tudo porque esses artistas colocaram um pouco de tinta em suas telas, dispondo as cores e as formas de modo agradável? Não é bem assim – eles fizeram muito mais do que isso.

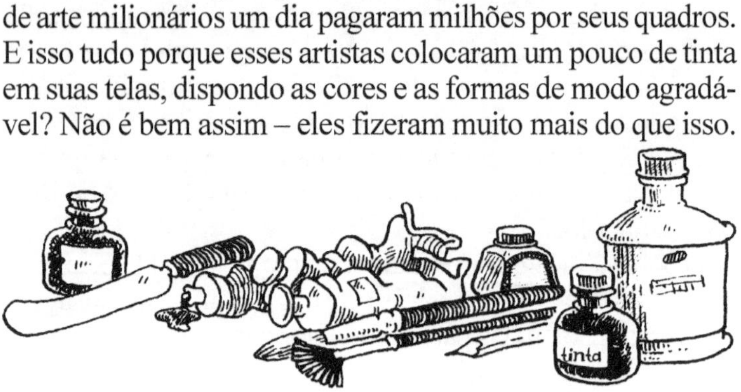

Com o toque mágico de seus pincéis eles deram às suas obras uma sensação especial. Provavelmente a mesma sensação que tiveram enquanto pintavam. Ela está lá, presente em cada pincelada, na textura da tinta sobre a superfície da tela e no modo como interpretaram as cores, formas, luzes e sombras. De maneira misteriosa, essa sensação é frequentemente compartilhada com a pessoa que observa o quadro, ainda que o artista esteja morto há séculos. Ela permanece em uma grande obra de arte para sempre e é o que a torna incomparável, única. Isso significa que aquela obra nunca poderá ser reproduzida – provavelmente nem por seu próprio criador. Produzir coisas idênticas, em grande quantidade, definitivamente, *não* é trabalho para artistas – podemos deixar isso para as máquinas.

Toques finais

Quando o mundo desperta para o fato de que determinado artista pode produzir obras que são notáveis e incomparáveis, o valor de sua arte geralmente aumenta. No caso de Picasso, isso aconteceu quando ele era jovem, e ele aproveitou seu "toque de ouro" pelo resto da vida. No caso de Vermeer e Van Gogh, seu talento só foi reconhecido muito tempo depois da morte, impossibilitando-os de usufruir da grande recompensa financeira que suas obras trouxeram.

Talvez a capacidade de produzir arte de tamanha qualidade seja por si só uma recompensa. Muita gente pagaria uma fortuna para ter uma fração do talento desses grandes artistas e talvez dissesse que eles tinham muita sorte por serem tão talentosos. Mesmo assim, seria bom se eles tivessem conseguido um pouco mais de reconhecimento e sucesso ao vender seus trabalhos enquanto estavam vivos, não é?

Em busca da arte: encontre você mesmo!

Pablo Picasso – *Woman in a Chemise* (*Mulher com Camisa*) – 1905 – Tate Gallery, Londres. – www.tate.org.uk

Joseph Nollekens – *Busts of the British Naval Heroes* (*Bustos dos Heróis Navais Britânicos*) – Manners, Blair and Bayne – Abadia de Westminster.

Peter de Wint – *The Harvest Field* (*Restolhal*) – c. 1840 – National Gallery of Scotland – Edimburgo – www.natgalscot. ac.uk

Gericault – *A Horse Frightened By Lightning* (*Cavalo Malhado Espantado pelo Relâmpago*) – 1813 – National Gallery, Londres – www.nationalgallery.org.uk

Chaim Soutine – *Return from School After The Storm* (*Volta da Escola Após a Tempestade*) – The Philips Collection – Washington DC, EUA – www.philipscollection.org

Millais – *Ophelia* (*Ofélia*) – 1851-1852 – Tate Gallery, Londres – www.tate.org.uk

Ad Reinhardt – Abstract Painting N.° 5 (*Pintura Abstrata N.° 5*) – 1962 – Tate Gallery, Londres – www.tate.org.uk

Vincent van Gogh – *Sunflowers* (*Girassóis*) – 1988 – National Gallery, Londres – www.nationalgallery.org.uk

Jan van Vermeer – *Woman Tuning a Lute* (*Mulher Tocando Alaúde Junto de uma Janela*) – 1664 – Metropolitan Museum of Art – Nova York, EUA – www.metmuseum.org

Anita Malfatti – *A Boba* – 1915-1916 – Museu de Arte Contemporânea da USP, São Paulo, Brasil – www.mac.usp.br

Arcangelo Ianelli – *Superposição de quadrados* – 1973 – Museu de Arte Moderrna de São Paulo, Brasil – www.mam.org.br

ARTISTAS E VIGARISTAS

Qualquer grande artista milionário pode confirmar que se pode ganhar muito dinheiro no mundo da arte. Não são apenas os artistas que, às vezes, se dão bem. Existem outras pessoas nesse mundo que também conseguem bons lucros no mercado de arte. Algumas trabalham duro, outras têm muita sorte, e outras ainda preferem ganhar dinheiro de modo menos honesto. Então é por isso que elas se tornam negociantes de arte?

Ei, mais respeito pelos bons profissionais! Não, não é esse o motivo pelo qual as pessoas se tornam negociantes de arte... esse é o motivo pelo qual elas se tornam negociantes e falsificadores de arte... como Hans van Meegeren.

Hans van Meegeren – o talentoso falsificador (1880-1947)

De vez em quando alguns negociantes de arte ficam sem obras-primas no estoque. Aí eles arregaçam as mangas, pegam pincéis e tintas e partem para o "faça você mesmo". Foi isso que o negociante de arte holandês, Hans van Meegeren, fez. Hans era um negociante que pintava várias obras-primas falsas para depois empurrá-las a seus clientes. Com um de seus trabalhos, *Supper at Emmaus* (*Ceia em Emmaus*), ele enganou completamente peritos em arte. Em 1937 eles descreveram a pintura que Hans fez de Jesus e seus discípulos como "a maior realização de Vermeer"!

Quando se tratava de pintar falsificações absolutamente brilhantes, Hans era extremamente hábil. Ele conseguiu até mesmo passar a perna no político nazista Hermann Goering, quando lhe vendeu um Vermeer falso durante a Segunda Guerra Mundial... mas o terrível Goering também tinha um truque na manga!

Como o hábil Hans passou a perna no horrendo Hermann (e vice-versa)

Só faltava Hans depositar seu dinheiro falso num banco falso!

Traidor, não... falsificador – por favor!

Depois da guerra, uma das coleções de pinturas roubadas por Hermann Horrendo Goering foi encontrada dentro de uma mina de sal (também roubada). Entre elas estava o Vermeer falso que ele comprara de Van Meegeren. Pouco depois disso, a polícia holandesa apareceu na casa de Hans van Meegeren.

"O que está acontecendo?", Hans perguntou.

"O jogo acabou... é isso que está acontecendo, seu traidor!", os policiais exclamaram. "Mãos para cima, Hans! Você está preso por vender arte para o inimigo!"

"Eu não vendi arte para os nazistas! Eu os enganei – vendi um quadro falso! Sou um holandês leal. Sou um falsificador, não um colaborador nojento!", protestou Hans.

"Acha que somos bobos?", perguntaram as autoridades holandesas.

"Sou um falsificador de verdade!", Hans exclamou. "Todas as minhas falsificações são genuínas."

"Então prove!", exigiram as autoridades.

"Tudo bem, eu vou provar!", disse Hans.

Ele recebeu tinhas, pincéis e uma tela, e então foi trancado dentro de um ateliê. Hans começou a trabalhar numa pintura.

Depois de algum tempo, peritos foram ver o que ele estava fazendo e não puderam acreditar no que viram! Uma pintura de Vermeer surgia diante de seus próprios olhos!

"Uau!", exclamaram as autoridades. "Estávamos enganados. Você não é um falsificador falso. É um verdadeiro falsificador de genuínas obras-primas falsificadas!"

Hans não foi o único falsário a enganar peritos...

A sacanagem em "dose dupla" de Eric

Eric Hebborn (1934-1996) falsificou pinturas de artistas como sir Anthony van Dyck (1599-1641) e Giovanni Battista Piranesi (1720-1778) (sua assinatura devia precisar de alguma falsificação!). Depois ele vendeu algumas de "suas" obras para galerias e museus de todo o mundo. Eric foi finalmente pego quando alguém reparou que ele tinha usado o mesmo papel em trabalhos de dois artistas diferentes (não, eles não estavam no mesmo pedaço de papel, mas no mesmo tipo de papel – Eric não era *tão* burro!).

Depois de preso, Eric decidiu confessar todos os seus crimes. Ele escreveu um livro sobre sua vida, no qual listou todas as falsificações que vendera e o nome das galerias que as compraram. Mas, sendo um trapaceiro nato, incluiu em sua lista alguns quadros que não eram falsificações! Com isso ele arrumou muita confusão para os peritos, que por algum tempo ficaram sem saber o que era real e o que era falso!

Em 1996, o pobre Eric foi encontrado morto em uma rua de Roma. Talvez ele tenha sido eliminado por uma quadrilha de peritos em arte enfurecidos?

Será que você poderia ser um falsário bem-sucedido? Por que não tenta descobrir fazendo nossas próximas atividades? Você pode achar que a primeira é um pouco falsa, mas pode ficar sossegado que a segunda é artigo genuíno... sério!

Faça seu próprio Rembrandt – e depois venda-o por uma fortuna!

A obra do grande artista holandês Rembrandt van Rjin (1606-1669) tem um valor incalculável. Colecionadores de arte milionários correm para seus talões de cheque quando algum de seus quadros aparece em um leilão. Quando não estava pintando suas obras-primas, Rembrandt desenhava mendigos maltrapilhos e mutilados. Provavelmente existem alguns desses esboços que ainda não foram encontrados. Se você conseguir "criar" uma falsificação boa de um desses desenhos, pode ganhar uma fortuna. Interessado? Que tal faturar 1 ou 2 milhões? Continue lendo!

Atividade

Ao fazer uma falsificação, é importante que você use os mesmos materiais utilizados pelo artista original, portanto, deixe de lado o quadro branco e as canetas marcadoras! Rembrandt era um homem de pena e bistre. Não, isso não quer dizer que ele era um pássaro. Bistre é um pigmento marrom que se faz fervendo fuligem em água. Mas você pode usar suco de maçãs podres como pigmento substituto.

Assim, para iniciar sua carreira de falsificador juvenil, você vai precisar de:

- Um livro contendo reproduções dos desenhos de Rembrandt – para estudá-los e copiá-los, de modo a assimilar seu estilo, não para arrancar as páginas e tentar vendê-las como originais genuínos!

- Papel de desenho – quanto mais velho, melhor. Procure em sebos (lojas de livros usados). Não use papel de carta moderno, com nome e endereço de seus pais no topo, pois isso pode entregar o ouro aos bandidos (ou, neste caso, às autoridades!)
- Uma faca bem afiada.
- Um assistente – não muito inteligente, de preferência ligeiramente estúpido e extremamente prestativo.
- Montes de maçãs bem podres.
- Um ganso, que você pode encontrar convenientemente passeando perto de seu próximo material...
- Um bambuzal – geralmente encontrado em áreas pantanosas ou perto de lagos.
- Galhos e gravetos verdes, ou seja, ainda com seiva.
- Um bom estojo de primeiros socorros.

Tudo o que você precisa fazer é:

- Encontrar o ganso e roubar algumas de suas penas.
- FUGIR! Enquanto você e seu cúmplice correm pelo pântano, gritando de medo e tentando fugir do ganso enfurecido, tente arrancar alguns bambus.
- Ao voltar para casa, faça curativos em suas feridas.
- Está se sentindo melhor? Ótimo! Pode começar a trabalhar! Você deve ter muitos bambus e penas de ganso. Apare os filamentos da pena e corte sua ponta em ângulo. Para tanto, use a faca bem afiada ou um canivete. Não tenha pressa, **mas tenha muito cuidado**! Este é um procedimento perigoso, e você pode... ops!

- Faça curativos em suas novas feridas.
- Termine de aparar e afiar a ponta da pena. Ela será seu lápis. Não tente enfiar esta pena de volta no ganso, ainda que ele esteja no seu jardim bicando a vovó – é tarde demais, o ganso não a aceitará. Era com penas semelhantes que Rembrandt fazia seus desenhos. A seguir, faça com seu canivete uma fenda em uma maçã, para ajudar o suco dela fluir mais livremente. (Artistas e escribas antigos faziam suas penas com canivetes. Hoje em dia podemos apontar nossos lápis com canivetes.)

- Pegue a maçã podre que restou e esprema seu suco. Não deu muita coisa – e você percebe que não foi uma boa ideia deixar seu assistente comer as outras maçãs.
- Você está pronto para desenhar. Mergulhe a pena no suco de maçã e comece a desenhar. Seu assistente será o modelo. Comece traçando a forma geral e depois coloque os detalhes. Não se esqueça de que seu trabalho deve ser o desenho de um mendigo feito por Rembrandt, então concentre-se nos aspectos trágicos e desesperados do tema, por exemplo, a expressão doentia, as bicadas de ganso, as roupas rasgadas e enlameadas.

- Quando terminar o desenho e seu assistente tiver parado de chorar, faça uma fogueira usando madeira verde. A fumaça vai conferir ao desenho uma aparência antiga, mas cuidado, ela também é muito desagradável e nociva, de modo que talvez seja melhor pedir ao seu assistente para fazer essa parte!
- Você já pode assinar sua obra-prima – o que deve fazer de cabeça para baixo.

Dica útil: para evitar o trabalho de se colocar de cabeça para baixo, que tal virar o papel na hora de assinar? Encontre uma cópia da assinatura de Rembrandt e vire-a de ponta-cabeça. A seguir, copie. Esse é o método usado pelos melhores falsificadores.

Dica vital: Rembrandt assinava a frente de suas telas e no verso escrevia seu nome completo: Rembrandt Fofolino Borrabotas Sininho Cacheado van Rijn. Faça o mesmo e não se esqueça de chamar a atenção do negociante de arte para esse fato.

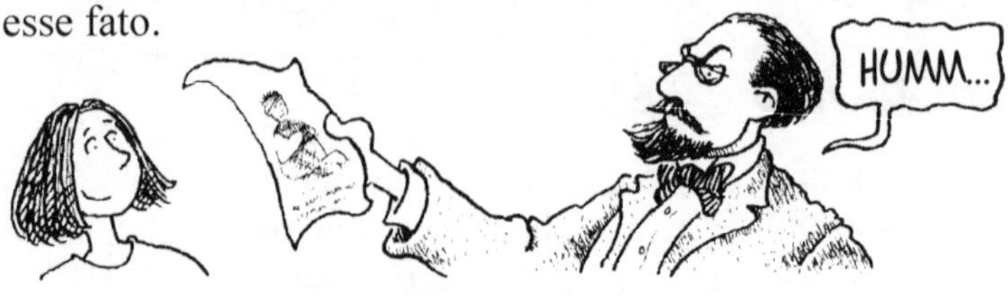

Roube um quadro famoso e depois venda... e venda de novo... e de novo

Há falsificadores que se juntam a ladrões requintados para elaborar planos que resultem em muito dinheiro. Esses planos envolvem o roubo de pinturas valiosas... como a *Mona Lisa.* Essa pintura foi feita pelo artista italiano Leonardo da Vinci (1452-1519). É o retrato de uma nobre italiana que parece estar começando a entender uma piada contada 400 anos antes.

O Tagarela

PARIS, 1911

LARÁPIOS AFANARAM A LINDA DAMA DE LEONARDO DO LOUVRE

A França está chocada! Hoje pela manhã vi homens crescidos chorando pelas ruas de Paris. Por quê? Nosso tesouro nacional desapareceu. Não, não nossa querida Torre Eiffel... ela ainda está em seu lugar, graças a Deus (as autoridades tiveram o bom-senso de acorrentá-la às grades – nós, franceses, não somos bobos, ah, não!). Estou falando da Gioconda, a Mona Lisa. "Ela" desapareceu, sem dúvida afanada por algum gatuno que se aproveitou para passar-lhe a mão quando "ela" não estava olhando, tirando-a de seu estojo de vidro e escondendo-a sob a camisa para fugir. E como ela é uma senhora antiga e nobre, de um museu antigo e nobre, não houve uivos de alarme, não houve luta. Ela se foi em silêncio, sem resistência. Onde estará a Mona Lisa nesse momento? Sem dúvida é mantida prisioneira em algum porão, sem comida e água. Onde este mundo vai parar? Logo as pessoas vão ter de trancar as portas de suas casas à noite, antes de irem para suas camas dormir.

Correção: As primeiras linhas desta reportagem deveriam informar "Hoje pela manhã vi homens crescidos varrendo as ruas de Paris".

Pierre Closely – Editor, O Tagarela

Depois que a *Mona Lisa* foi roubada, muitos franceses, que provavelmente nunca tiveram o menor interesse em arte, se sentiram tão ultrajados por aquele roubo audacioso que foram ao Louvre, aos milhares, para olhar, desconsolados, a parede vazia onde costumava ficar a pintura de Da Vinci.

A polícia francesa estava tão desesperada para encontrar um culpado que chegou a interrogar Pablo Picasso como suspeito. Será que a polícia pensou que Picasso a roubara por ciúme de Leonardo da Vinci?

Pouco depois do roubo, a *Mona Lisa* foi vendida pelos criminosos a um rico colecionador de arte americano... depois a outro... e então a outro... e mais outro... No total, seis americanos milionários pagaram 300 mil dólares cada pela pintura roubada. Mas, se só havia uma *Mona Lisa*, como isso pode ter acontecido?

1. Após terem vendido a pintura, os ladrões rapidamente a roubaram do novo dono, certos de que ele não chamaria a polícia; afinal era um quadro roubado, e ele não ia querer ser processado por possuir bens roubados. A quadrilha então vendeu o quadro novamente... e o roubou de novo... e o vendeu de novo... e assim por diante.

2. Os ladrões fizeram várias fotocópias do original, que foram vendidas para milionários fabulosamente ricos, inacreditavelmente burros e... míopes.

3. Pouco depois de as notícias do roubo terem chegado às manchetes dos jornais, uma quadrilha de criminosos comprou todos os kits de "Pinte Você Mesmo a Mona Lisa" que conseguiram encontrar e fizeram dezenas de crianças trabalhar dia e noite para pintá-los. Os bandidos escolheram então os seis melhores trabalhos, que foram vendidos a milionários apreciadores da arte. O restante foi distribuído em feiras livres por toda a Europa.

4. Seis falsificações muito boas foram pintadas por um perito e vendidas a colecionadores como se fossem o quadro original roubado.

Resposta: 4.

A coisa toda foi montada por uma quadrilha de bandidos muito inteligentes. Primeiro organizaram o roubo da verdadeira *Mona Lisa*, para então persuadir seis ricos colecionadores de arte americanos a pagar, cada um, 300 mil dólares pelo que acreditavam ser o quadro original. Na verdade, eles compraram seis falsificações pintadas pelo mestre falsário Yves Chaudron. Será que os ricaços americanos tinham mais dólares que bom-senso?

Enquanto isso, a verdadeira *Mona Lisa* estava no apartamento do homem que a quadrilha contratara para roubar. Ele a roubara duas vezes, primeiro do Louvre... e depois da própria quadrilha! Quando tentou vender o quadro a um negociante de arte italiano, em 1914, ele foi preso, e a pintura retornou ao Louvre.

Nem todos os roubos de arte, porém, são execuções perfeitas de planos brilhantes maquinados por mestres do crime.

Mais histórias "artísticas"

Rápido! Siga aquele ônibus!

Em 1989 um bêbado entrou na Galeria de Arte da cidade de Birmingham, na Inglaterra, e retirou da parede o quadro *The Death of Chatterton* (*A Morte de Chatterton*). Então, ele levou o quadro de mais de 42 mil dólares para a rua e fugiu... de ônibus!

Goering... Goering... gorou!

O horrendo Hermann Goering foi um ladrão de arte um pouquinho mais ambicioso que o homem de Birmingham. Em vez de se contentar em afanar um quadro, ele surrupiou 5.281! Ele provavelmente foi o mais ganancioso ladrão de arte que o mundo já conheceu.

Com a ajuda de um colega catinguento, o atroz Adolf (Hitler), o reles Hermann vagou pelos museus e galerias de toda a Europa servindo-se à vontade, incluindo em sua pilhagem obras-primas de Rembrandt, Rubens (1577-1640) e Goya (1746-1828). Ao final da Segunda Guerra Mundial, o nefasto nazista devia estar com falta de espaço em suas paredes para pendurar tantas obras roubadas! Isso, contudo, não devia incomodá-lo, pois parecia que ele não tinha muito afeto pelas maravilhosas obras de arte que roubara.

3
Arte &
Antiguidades
Revista do Colecionador
NESTE MÊS:
EU E MINHA
COLEÇÃO
COM
HERMANN
GOERING

Na edição deste mês o colecionador em destaque é o Sr. H. Goering, da Alemanha nazista. O Sr. Goering tem uma coleção realmente fabulosa de obras-primas europeias que mantém em vários locais... como sua mansão fortemente protegida... e sua mina de sal fortemente protegida. Nós visitamos sua mansão com a promessa de manter a localização em segredo. Aparentemente, muita gente estava querendo falar com o Sr. Goering sobre sua coleção (e um ou dois outros assuntos). A caminho da mansão, passamos por alguns oficiais de artilharia britânica e milhares de soldados americanos, todos se esforçando para passar por uma divisão da armada alemã. Eles nos perguntaram se sabíamos onde estava o Sr. Goering. Ele é um camarada popular, não é mesmo? Não é possível que todas essas pessoas queiram entrevistá-lo para revistas de arte. Ou é?

Bem, finalmente, chegamos às Torres Goering e, depois de passarmos pelos enormes rottweilers espumando... e pelos enormes soldados da S.S. (tropa de elite alemã) espumando... fomos conhecer a coleção de arte do Sr. Goering.

Sua coleção é realmente enorme e contém milhares de obras-primas sensacionais, feitas por pintores como Rembrandt, Rubens e Goya. Enquanto observava esses quadros, eu me lembrei de que já tinha visto alguns deles antes – nas paredes de museus de toda a Europa. Quando ousei mencionar isso ao Sr. Goering, ele ficou tão chateado que mandou seus guardas da S.S. me levar para o porão, onde fui acorrentado à parede e torturado sem piedade pelo resto da tarde.

Assim, ao anoitecer, enquanto os soldados, cuidadosamente, me carregavam numa maca para ver o restante da coleção, resolvi não tocar mais no assunto.

Quando eu estava sain-

do das Torres Goering, os apreciadores de arte americanos e britânicos de que falei antes tinham acabado de chegar e, imediatamente, entraram em combate corporal com os rottweilers e soldados da S.S. Nesse momento, o Sr. Goering pareceu sentir repulsa pela arte e começou os preparativos para queimar toda a sua coleção.

Na edição do próximo mês conversaremos com o Sr. A. Hitler, de Berlim,

sobre seu passatempo incomum de colecionar países dos outros. Vamos dar uma olhada também em sua coleção, que é interessante, mas diminui rapidamente.

De quem é a arte, afinal?

Por alguma estranha razão, Hermann Goering realmente acreditava que aquela arte roubada era dele. Em outras palavras, ele pensava ser o proprietário de direito, embora fosse óbvio, para o resto do mundo, que não era. Às vezes, a questão sobre quem é o verdadeiro dono de uma obra de arte pode ser bem complicada, principalmente se for arte antiga retirada de outro país há muito tempo.

Na época em que os países europeus estavam construindo seus impérios e colonizando partes do mundo, diversos exploradores e aventureiros gostavam de carregar lembranças de viagens – coisas como alguns milhares de escravos ou tudo o que havia dentro de uma pirâmide. Os espanhóis, por exemplo, gostavam das peças feitas de ouro e prata pelos antigos incas, do Peru, e levaram muitas delas para casa – tendo o cuidado de matar os proprietários originais.

Quando os ingleses e franceses descobriram os tesouros das pirâmides, pensaram ser absolutamente correto pegar alguns artefatos "emprestados" – os quais, frequentemente, se esqueciam de devolver. Assim, é bastante provável que algumas coleções de arte europeias contenham itens que nunca deveriam ter chegado ali. Essa remoção de arte antiga do país de origem tem culminado em desentendimentos e disputas internacionais.

Podem devolver nossa arte, por favor?

No começo do século XIX, o conde de Elgin, da Grã-Bretanha, "adquiriu" peças de mármore dos gregos. Não que estes fossem exportadores de pisos e peças para banheiro. Eram esculturas de mármore que ficavam no antigo templo grego conhecido como Parthenon. O conde de Elgin foi até a Grécia e "adquiriu" as peças para depois "exportá-las" para a Inglaterra. Na época, a Grécia estava sob domínio turco, de modo que os pobres gregos não foram consultados se aprovavam ou não o negócio. O conde, é claro, achou aquilo uma ótima ideia, principalmente quando vendeu as esculturas para o Museu Britânico por 60 mil dólares (uma grande quantia na época).

Hoje, as esculturas são conhecidas como Os Mármores de Elgin. Os gregos querem desesperadamente todas elas de volta, mas o Museu Britânico acredita ser o verdadeiro proprietário, porque pagou pelos mármores. De vez em quando, gregos e britânicos têm discussões infantis sobre o assunto... e então começam a chorar e correm para suas mamães para contar o que aconteceu.

É surpreendente que os gregos não tenham pensado em também "adquirir" e "exportar" arte britânica antiga. Deve existir alguma coisa nas ilhas britânicas que eles possam "pegar emprestado"! Que tal... aquele monte de entulho na planície de Salisbury? Ninguém iria notar a falta... será? Imagine as manchetes de jornal!

STONEHENGE SEQUESTRADO PELOS GREGOS

"PROPOMOS UMA TROCA!", DIZEM OS GREGOS. "DEVOLVAM NOSSOS MÁRMORES ANTIGOS QUE NÓS DEVOLVEREMOS SEU DOMINÓ ANTIGO!"

Algumas pessoas não precisam roubar arte – elas são tão ricas que compram o que querem quando querem. Esses colecionadores milionários fazem coisas espantosas para pôr as mãos em obras que são caras a seu coração.

Como encontrar sua própria obra-prima

A vida de um colecionador super-rico pode ser dura e confusa. William Randolph Hearst foi um editor de jornais de sucesso fenomenal. Ele morava na Califórnia, Estados Unidos, e mantinha sua enorme coleção de arte em sua mansão gigantesca, que ele modestamente chamava de Castelo Hearst.

Certo dia, William folheava uma revista velha quando viu a fotografia de uma fabulosa obra de arte feita de prata. Ele se apaixonou imediatamente pela peça de prata e disse: "Eu tenho de possuí-la!". Ele acreditava que a peça estivesse em algum lugar da Inglaterra. Assim, telefonou para sua representante de lá e disse-lhe para encontrá-la e comprá-la para ele. Após fazer pesquisas demoradas e difíceis, a representante entrou em contato com ele para dizer que tinha sido absolutamente incapaz de localizar aquela peça. Mas William não era um homem que desistia facilmente. Ele contratou um detetive particular e pediu-lhe: "Encontre aquela obra de arte a qualquer custo... eu tenho de possuí-la!".

O superinvestigador fuçou todos os cantos durante sua busca pela prata, até que pôde voltar a William e lhe dizer que tinha conseguido localizar o paradeiro da obra.

Ele comprara a peça havia seis anos, para depois se esquecer completamente dela, que continuava em sua embalagem, no Castelo Hearst. Será que ele fez uma boa oferta para si mesmo, quando soube quem era o proprietário?

Loucos por arte

Se apaixonados por arte como William Randolph Hearst não existissem, os negociantes – e talvez falsários e ladrões também – ficariam sem emprego. Todos eles dependem da misteriosa e singular paixão que tantos humanos têm pela arte. Não há dúvida quanto a isso – muita gente tem loucura por arte. Veja como elas comparecem a grandes exposições:

- Em 1995, cerca de **200 mil** pessoas foram à Pinacoteca do Estado, em São Paulo, para ver uma mostra de esculturas, desenhos e fotos do artista francês Auguste Rodin.
- Em 1974, mais de **771 mil** pessoas foram a uma exposição de arte chinesa na Royal Academy, em Londres.
- Em 2004, a exposição "Picasso na Oca", maior retrospectiva já realizada sobre esse pintor espanhol na América Latina, levou mais de **900 mil** pessoas ao Parque do Ibirapuera, em São Paulo.
- Em 1972, **1,694 milhão** de pessoas foram ver a exposição de arte egípcia no Museu Britânico (não todas ao mesmo tempo, é claro!)

As pessoas realmente gostam de apreciar arte... e, quando podem, também compram. Mas por que gastar tanto dinheiro com isso? Afinal, não se pode vesti-la, comê-la ou dirigi-la pelas ruas. Então, por que comprá-la?

Arte Atroz pergunta: Por que as pessoas colecionam arte?

Perguntamos a alguns consumidores, numa conhecida galeria de arte, por que e em que gastavam seu dinheiro. Confira algumas respostas:

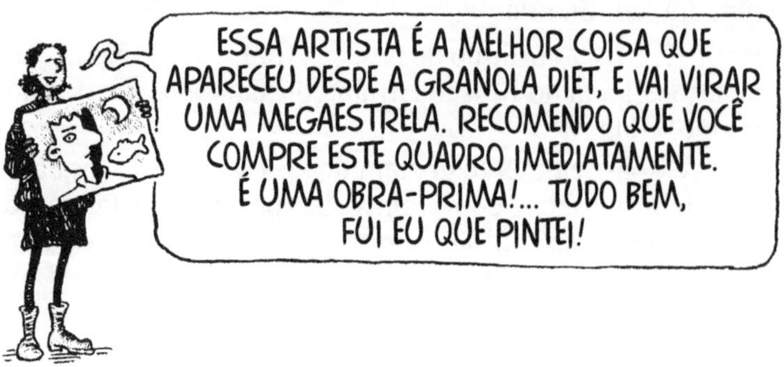

Depois de ler tudo isso sobre arte, você também vai querer começar uma coleção.

Começando sua própria coleção de arte

"Eu gostaria de ser um colecionador de arte", você pode dizer. "Mas não tenho dinheiro – ainda estou pagando o empréstimo que pedi ao banco para comprar meu tênis de marca!" Não se desespere, você que recebe mesada! É possível comprar arte bem baratinha. Que tal procurar...

- Em lojas de coisas usadas, bazares, brechós, instituições de caridade – você vai se surpreender com as pechinchas que há nesses lugares. É só uma questão de procurar e barganhar. E, nunca se sabe... com um pouco de sorte ainda leva umas pulgas de graça.
- No sótão da sua própria casa – algumas pessoas tropeçam em tesouros artísticos esquecidos em seus sótãos.

Comece a procurar agora mesmo, mas lembre-se de que sótãos são lugares perigosos e talvez você precise da ajuda de um adulto.

AVISO!

MORADORES DE APARTAMENTO: SE FOREM PROCURAR ARTE NO SÓTÃO, PAREM AGORA MESMO! ISSO NÃO É UM SÓTÃO, É O APARTAMENTO DO VIZINHO DE CIMA, E VOCÊS PODEM ACABAR SENDO ACUSADOS DE ROUBO!

- Em leilões (vendas em que as obras de arte são adquiridas por quem oferecer mais dinheiro).

Muita arte é vendida em leilões, e pessoas que os frequentam às vezes arrematam uma pintura que acaba se revelando uma pechincha. Um negociante de arte chamado Philip Parker foi para a Sotheby's, famosa casa de leilões na Inglaterra. Um quadro chamou sua atenção, e ele o comprou por 310 dólares. Ele colocou esse mesmo quadro em outro leilão, promovido pela Christie's, outra casa muito conhecida. O quadro foi vendido por um valor um pouco mais alto do que aquele que Philip pagara – 650 mil dólares, para sermos exatos.

Entre os dois leilões Philip conseguiu um belo lucro, apenas por ser muito, muito observador... e por conhecer muito, muito sobre arte! O quadro que chamara sua atenção era o importante retrato de um papa, feito pelo artista renascentista Piombo. Philip obviamente tinha faro para esse tipo de barganha – embora seus colegas do ramo da arte não o chamem de "Philip Farejador". Ele, na verdade, ficou conhecido como "o aspirador", porque conseguia pegar todas as pechinchas.

Aviso importante: durante um leilão, não erga a mão para pedir licença para ir ao banheiro – ou pode descobrir que comprou todos os pertences de uma casa de campo eduardiana!

• Outra forma de comprar arte baratinha é descobrir um artista em ascensão, mas ainda lutando, que esteja disposto a vender suas obras por um bom preço (bom para você). Nunca se sabe, pode haver alguém na sua rua ou escola que vai acabar se transformando no Picasso do século XXI. O truque consiste em perceber o talento dele e fazer uma oferta antes que ele se torne famoso. Seu amigo e futura sensação artística pode nem querer o dinheiro, mas trocar seus quadros por figurinhas ou balas.

"Não quero esperar até eu crescer! Quero ficar famosa agora!"

Se Alexandra Nechita fosse sua colega de escola e você estivesse pensando em comprar algumas de suas pinturas enquanto ela ainda era uma artista desconhecida, teria de se apressar com a oferta. Alexandra, que nasceu na Romênia em 1986, atualmente vive em Los Angeles, Estados Unidos. Desde que a família dela se mudou para lá, sua carreira desenvolveu-se rapidamente.

- Aos dois anos Alexandra começou a desenhar com caneta e tinta.
- Aos cinco anos ela passou para uma técnica mais desafiadora e começou a fazer aquarelas.
- Aos oito anos ela fez uma exposição de sua obra na biblioteca local, que as pessoas acharam ótima.

- Aos nove anos, Alexandra já havia feito sete exposições individuais de seus quadros coloridos e oníricos em galerias de arte de verdade.
- Aos dez anos ela já tinha vendido duzentos de suas pinturas.
- Colecionadores já pagaram mais de 4 milhões de dólares por suas obras.
- As pinturas de Alexandra estão sendo vendidas por cerca de 100 mil dólares cada, e ela tem uma lista de espera de colecionadores que querem adquirir suas obras.

Alguns dos compradores americanos realmente gostam do trabalho de Alexandra. Outros provavelmente veem suas obras apenas como um "bom investimento" e esperam que elas, um dia, valham mais do que os 100 mil dólares pagos. Mas nada garante que os preços vão continuar subindo. Alguns artistas saem de moda, e seu trabalho passa a ser ignorado pelo mundo da arte. Às vezes o preço dos quadros cai. Investir em arte é um negócio arriscado – principalmente se você não tem dinheiro para pagar...

A aventura de Bond, Alan Bond

Certo dia, um empresário australiano chamado Alan Bond decidiu que queria possuir o famoso quadro *Íris,* pintado por Vincent van Gogh. Então, Bond pegou dinheiro emprestado e pagou mais de 50 milhões de dólares pela pintura em leilão. Infelizmente, Bond ficou endividado e não pôde fazer o último pagamento de seu empréstimo. Ele foi forçado a vender seu quadro para o bilionário e colecionador de arte J. Paul Getty, que o comprou pela modesta quantia de 40 milhões (uma verdadeira pechincha). Talvez seja mais fácil explicar esse negócio em termos matemáticos. Temos: 50 milhões – 40 milhões = Ai! (se você for o Sr. Bond) ou = Ueba! (se você for o Sr. Getty).

Toques finais

A melhor forma de se comprar arte talvez seja, primeiro, garantir que se gosta dela. Depois, ter certeza de que se pode pagar pela peça. Assim, a pessoa vai desfrutar de sua aquisição. Se a obra de arte se tornar muito valiosa, ela terá um benefício adicional – desde que não acabe se revelando roubada ou... falsificada!

Em busca da arte: encontre você mesmo!

Van Meegeren – *Supper at Emmaus* – Museu Boymans, Roterdã, Holanda – www.boijimans.rotterdam.nl

Rembrandt van Rjin – *Mendigo Apoiado na Bengala* – Rijksmuseum, Amsterdã, Holanda – www.rijksmuseum.nl

Leonardo da Vinci – *Mona Lisa* – Louvre, Paris – www.louvre.fr

Os Mármores de Elgin – Museu Britânico, Londres – www.thebritishmuseum.uk

Jean Baptista Debret – *O Primeiro Impulso da Virtude Guerreira* – 1827 – Museu da Chácara do Céu, Rio de Janeiro, Brasil – www.visualnet.com.br/cmaya

ALGO QUE JÁ FOI FEITO...

Colecionadores de arte que adoram uma pechincha ficariam com muita inveja da quantidade de tesouros de arte que foram surrupiados pelo explorador americano John Lloyd Stephens, em 1839. Ele comprou uma cidade inteira, cheia de arte, por alguns dólares! John e seu amigo e artista, Frederick Catherwood, exploravam as selvas da América Central quando descobriram a cidade perdida de Copan, construída milhares de anos antes por um antigo povo conhecido como maias. O dono do local julgou-a sem valor... e então vendeu-a para John por apenas 50 dólares!

Fred estava certo. A arte foi muito importante para todas as civilizações antigas. Os poderosos soberanos da maioria das sociedades primitivas descobriam logo que artistas eram pessoas úteis de se ter por perto – principalmente se esses soberanos enfrentavam problemas com deuses temperamentais!

Passagens do meu diário por um soberano antigo

DIACOMSOL, 1.264.005.000 D.D. (Depois dos Dinossauros)

Que belo dia! O Sol está brilhando, os pássaros dodós estão cantando, e a plantação de espaguete está crescendo. Os deuses estão felizes, e tudo está bem no mundo!

DIANUBLADO, 13

Ah, desastre, desastre, desastre! Os deuses

estão bravos! Alguém (eu?!?!) esqueceu de fazer as 300 reverências antes de dormir para eles, e, durante a noite, como punição, os deuses enviaram uma tropa de hipopótamos sapateadores para pisotear todos os campos de espaguete. Nossa, a plantação está arruinada! Vamos morrer de fome! Como poderemos tornar os deuses felizes novamente?

DIARRUIM, 14

Ofereci aos deuses dois búfalos d'água crocantes e uma embalagem de seis escravos junto com um recadinho dizendo que eu sentia muito quanto às reverências. Mas eles ainda não estão felizes. Disseram que já comeram escravos saborosos com farelo de pão na semana passada e que, se não melhorarmos nossa oferta, vão acender o vulcão e nos cobrir com lava incandescente! Eles nos deram dois dias para aparecermos com ideias de presentes realmente originais, que os façam extremamente felizes, **senão**...

O que vamos fazer?

DIAPIOR, 15

As coisas estão piorando! Imagine o que o sumo sacerdote acabou de oferecer ao Deus do Mar... um coquetel de camarão! Dá para acreditar? Quero dizer, estamos falando do **deus** que criou **todo** o Oceano Índico em apenas uma tarde! Não é de espantar que ele esteja ofendido! Eu não o culpo! LEMBRETE: jogar o sumo sacerdote aos tubarões como sacrifício ao Deus do Mar – isso vai ensiná-lo!

DIADAPERDIÇÃO, 16

Temos apenas 24 horas! Não posso entrar em pânico. Preciso pensar. Precisamos de oferendas que realmente encantem os deuses. Algo especial. Algo que nem "eles" conseguiriam fazer. Isso é difícil, afinal, eles fizeram todo o mundo, não fizeram? Incluindo nós, humanos.

Precisamos de algo absolutamente original... e lindo. Algo que eles não poderiam ter criado nem concebido. **É isso!** Claro! Precisamos de "algo especial para o deus que tem de tudo!" Acho que vou trocar uma ideia com os artesãos!

BOMDIA, 17

Alegria, alegria, alegria! Estamos salvos! Os artesãos trabalharam durante toda a noite, e, pela manhã, oferecemos aos deuses as mais belas criações que se pode imaginar. Eles estão muito satisfeitos! O Sol está brilhando de novo, o espaguete brotou, e o dodó está cantando (todos os outros foram pisoteados pelos hipopótamos. Até o que sobrou está meio esquisito!).

As civilizações antigas produziram muita arte, e a maior parte foi feita para os deuses. Mesmo alguém que ficou na escola por muito tempo – como um professor – não sabe tudo sobre arte. Ele precisaria conversar com um artista antigo para descobrir os segredos da profissão...

Segredos de 3 mil anos são revelados afinal – um artista antigo conta tudo

Artista: Escutem! Nós, artistas, ou artesãos, como éramos chamados naquele tempo, tínhamos o talento e a habilidade e, em alguns casos, a genialidade (*olhar convencido*) para fazer coisas maravilhosas e espantosas. Criamos templos lindos para os deuses viverem... e pinturas... e esculturas que diziam...

Professor: Esculturas falantes! Uau!

Artista: Não, nossa arte não falava. Nenhum de nós era Walt Disney. Criávamos o melhor que podíamos, porque, quanto mais magnífica era a peça artística, mais feliz o deus ficaria e, dessa forma, coisas realmente maravilhosas foram feitas. Também sabíamos que os deuses eram vaidosos, e por isso fizemos retratos e estátuas que valorizavam a aparência deles.

Professor: (*espantado*) Mas como vocês sabiam a aparência dos deuses, se eram invisíveis?

Artista: (*sorrindo*) Nós, artistas, sabíamos exatamente como eram os deuses e deusas. Nós tínhamos poderes especiais, visionários, mágicos (*pisca para o professor*). Para não falar de nossa imaginação fabulosa... hein... hein? (*dá uma cotovelada de leve na barriga do professor, ri e pisca de novo*). De qualquer modo, alguns deuses eram fáceis, como a deusa gata do Egito antigo! Eu a fiz. Foi baba!

Professor: Brava?

Artista: Não, *baba*! Foi muito fácil de fazer, ela se parecia com...

Professor: Um gato?

Artista: Exatamente! Então tudo o que eu precisei foi fazer um bichano grande e oco, enchê-lo de ossos de gatos e colocá-lo no templo. Logo, logo, todas as verdadeiras deusas gatas se aproximaram, ronronando que era uma beleza. Os poderosos e o povo ficaram impressionados. Quando viam nossos retratos de deuses, eles achavam que tínhamos conseguido reproduzi-los bem e diziam: "É tão parecido com o verdadeiro deus que podemos reverenciá-lo e adorá-lo, especialmente agora que o espírito divino do deus entrou nessa obra".

Professor: (*animado*) Isso explica por que tantas obras de arte antigas são encontradas em templos e em outros locais de culto. Ora essa! Passei anos me perguntando o porquê. Vou correndo anotar tudo isso. A propósito... com quantos "zês" se escreve "artesão"?

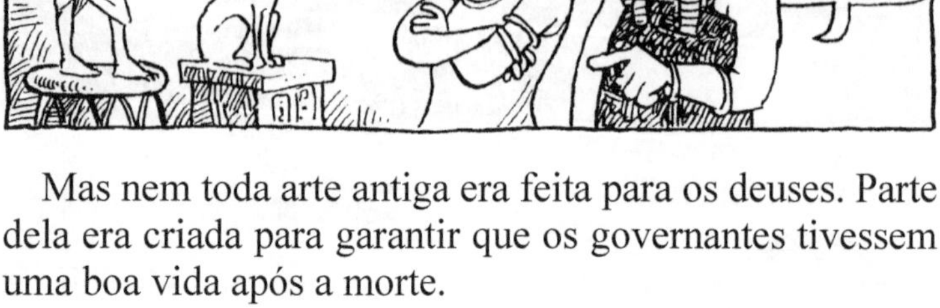

Mas nem toda arte antiga era feita para os deuses. Parte dela era criada para garantir que os governantes tivessem uma boa vida após a morte.

O AMIGO DO FARAÓ

1350 a.C.

MEUS PROBLEMAS

Querida Tia Nefertite,

Sou um faraó, e minha vida é uma loucura. Vivo nos braços do luxo e sou servido o tempo todo por lacaios bajuladores. Não preciso de nada. Você pode perguntar: "Por que ele escreve sobre seus problemas?". Bem, titia, tenho duas grandes preocupações, que são:

1. O que vai acontecer ao meu estilo de vida multizilionário quando eu bater as botas — você sabe, quando eu M-O-R-R-E-R?

A última coisa que desejo é aparecer na próxima vida e descobrir que estou sem meu trono favorito ou sem o criado mais bajulador! **Não vai valer a pena viver a próxima vida!**

2. Quando eu chegar ao outro lado, o que vou fazer quanto a... minha higiene pessoal... você sabe, o que vou fazer para não cheirar mal? Quero dizer, como é que um faraó vai manter a pose no outro mundo enquanto se transforma rapidamente num bolo de carne fedida em decomposição? Sou um homem importante aqui! Tremo de medo só de pensar no que pode acontecer se um dos deuses quiser apertar minha mão!

Com carinho,

O preocupado de Tebas

E aqui está a resposta.

Querido preocupado de Tebas,

Não fique tão preocupado, meu amorzinho! Isso não é problema! Você só precisa mandar um de seus artesãos mais talentosos pintar cenas de sua vida brilhante pelas paredes de seu túmulo. Desse jeito, os deuses do outro mundo saberão que você é um faraó descolado e maneiro.

Se você ameaçar direitinho os artesãos, eles pintarão retratos de seus servos e das namoradas favoritas sem custo extra. Quando você chegar ao Outro Mundo, as pinturas, miraculosamente, ganharão vida, e antes que você possa dizer "Tutancâmon" os escravos estarão lhe servindo enroladinhos de figo seco e milk-shakes de leite de mula, enquanto você e suas mulheres namoram como se não houvesse o dia seguinte (que, é claro, não há mesmo!).

Quanto à delicada questão da decomposição, fique calmo! Embrulhe-se bem para a viagem ao Outro Mundo, e tudo dará certo. Posso lhe recomendar um excelente serviço de mumificação! Você não vai se desapontar, pois eles são de matar!

E para garantir que suas belas feições reencarnem em perfeitas condições (tenho certeza de que você quer ter a melhor aparência por toda a eternidade), por que não manda um artesão pintar seu retrato agora mesmo? Depois, é só colocá-lo na sua tumba.

Você faz isso por mim, amorzinho?
Feliz renascimento,

Titia Nefertite

A história dos pés do duque de Hamilton

O duque de Hamilton era um rico aristocrata inglês maluco por arte do antiga Egito. Ele realmente admirava o modo de vida dos faraós – e gostava ainda mais da forma como eles morriam!

Hamilton decidiu então que queria ser enterrado no mesmo estilo de um faraó egípcio (mas apenas quando estivesse morto, é claro!). Para preparar-se para seu funeral em estilo egípcio, ele comprou um lindo e inacreditavelmente caro caixão de pedra egípcio – um sarcófago – e fluidos embalsamadores que preservariam seu corpo após a morte.

Depois de um tempo o duque ficou doente, e, em seu leito de morte, seus criados o mediram para preparar a sua nova casa. E ficaram desanimados quando perceberam que ele era muito alto para o sarcófago... seus pés ficariam para fora! Quando lhe contaram que sentiria frio nos pés durante a viagem, o duque ficou furioso, mas, sabendo que seu tempo nesse mundo estava acabando, ele apontou para o sarcófago e exclamou:

"Dobrem-me para eu caber lá dentro!"

O duque morreu, finalmente, e foi enterrado em seu caixão de pedra. Então, como os criados resolveram o problema? Será que resolveram?

1. Eles dobraram Hamilton ao meio dentro do sarcófago, como o duque tinha ordenado.
2. Eles jogaram o corpo do duque no lago e venderam o sarcófago para o Museu Britânico.
3. Os criados cortaram seus pés para que o resto dele coubesse dentro do sarcófago, e depois enterraram os pés num minicaixão à parte.
4. Enterraram Hamilton com a cabeça para fora do sarcófago, mas com um gorro de lã, caso esfriasse à noite.

Resposta: 3. Ele entrou na outra vida plantando bananeira!

Antiga arte atroz – descobertas maravilhosas

Às vezes as pessoas possuem peças artísticas antigas sem saber. O Sr. Arthur Povey passou anos comendo um doce que guardava em seu pote favorito, sem saber que valia uma fortuna (o pote, não o doce!)

O Sr. Povey ficou absolutamente pasmo quando o pote foi vendido por mais de 30 mil dólares!

Três dicas úteis de um perito em arte

- Você também pode estar saboreando seus sucrilhos numa valiosa relíquia. Ela pode valer uma fortuna! Verifique o que está escrito embaixo da tigela.
- Que sujeira! Da próxima vez termine de comer antes de virar a tigela.
- Veja o rótulo! Se ele informar "Louça chinesa antiga (dinastia Xang, 1750 a.C.). Pode ir ao micro-ondas e à lava-louças", prepare-se para ficar desapontado.

Cavando o próprio túmulo

Em 1990, um turista americano passeava com seu cavalo pelo deserto perto de Gizé, no Egito, quando o animal, repentinamente, desapareceu... rapidamente seguido pelo americano. Os dois tinham caído através da areia fofa numa tumba egípcia antiga, sobre a qual ninguém tinha conhecimento (a não ser as pessoas que a construíram, é claro). Quando o esquadrão de resgate chegou, os homens encontraram uma estatueta rara e inestimável, com 4.400 anos de idade e 20 centímetros de altura... além do americano com seu cavalo!

Você e que exército? Os homens sem ação do imperador Di

Algumas obras de arte antigas são espantosamente desconcertantes – e desconcertantemente espantosas! Um imperador chinês chamado Qin Shi Huang Di mandou que seus artistas fizessem 7 mil estátuas de soldados em tamanho natural. Cada soldado deveria ter rosto, mãos e uniforme personalizados e reconhecíveis. Essa é provavelmente a maior e melhor coleção de Comandos em Ação

de que o mundo tem notícia. Bem, comandos "sem" ação, na verdade... pois eles não se moveram nos últimos 2 mil anos. Os soldados são chamados de "Exército de Terracota" (porque são feitos de argila cozida) e foram descobertos por aldeões chineses quando estes cavavam um poço.

Não sabemos se o imperador deu nomes a seus bonecos de argila... ou se chegou a brincar com eles. Mas não foi para isso que ele mandou fazê-los. Aparentemente, a verdadeira razão pela qual ele mandou criar os soldados foi proteção... para ele mesmo depois de morto! Eles foram feitos para ser enterrados junto com o imperador.

Que ótima ideia! Isso é bem o que todo mundo precisa quando morre, não é verdade? Um monte de soldados para salvar sua... vida! Do que Qin Shi Huang Di queria ser protegido? De vermes?

A ideia do imperador pode parecer extremamente ridícula para nós. Mas em pleno século XXI, com TV, carro, celular e computador, alguns de nós acham que *sabem* das coisas. Há 2 mil anos as pessoas tinham ideias e crenças diferentes. Qin Shi Huang Di acreditava realmente que esses bonecos

de argila iriam protegê-lo, ou seu espírito, depois da morte... e se alguém tentasse convencê-lo de que estava errado, ele mandaria suas tropas de verdade fazer picadinho da pessoa.

Outros dois personagens do mundo antigo que viram um pouco mais de ação que o Exército de Terracota do imperador Di foram os pintores Zeuxis e Parrhassius. Um dia, esses dois rivais mortais decidiram competir para ver qual deles era o artista mais habilidoso.

Saque suas... tintas!

7
ZEUXIS USOU SUA HABILIDADE PARA CRIAR UMA LINDA PINTURA DE UVAS.
ENTÃO, QUE TAL?
UAU, É CERTAMENTE MUITO IMPRES-SIONANTE!
8
AS UVAS ERAM TÃO REALISTAS QUE UM PÁSSARO TENTOU BICÁ-LAS.
AU! DROGA! FUI ENGANADO!
9
BEM, ACHO QUE ISSO PROVA QUE SOU O MAIORAL. AGORA, ONDE ESTÁ O SEU TRABALHO?
BEM ALI.
10
TSC! VOCÊ NÃO DEVE ESTAR SE SENTINDO MUITO CONFIANTE! SE TEVE DE ESCONDER SUA PINTURA ATRÁS DESSA CORTINA VELHA! VAMOS DAR UMA OLHADA NELA.
11
O QUÊ? NÃO HÁ CORTINA AQUI! SOMENTE A SUPERFÍCIE EM QUE PARHASSIUS PINTOU O QUADRO DE... UMA CORTINA!
RISC!
RISC!
12
UAU, PARRHASSIUS, É INCRÍVEL! VOCÊ REALMENTE É O MELHOR ARTISTA DA GRÉCIA ANTIGA!
MEU BICO ESTÁ DOENDO!

Essa história deixa claro que Parrhassius sabia como desenhar cortinas. Foi ele quem riu por último nesse encontro, mas em outro episódio foi Zeuxis que riu por último. Uma velha senhora pediu que ele pintasse um retrato de Afrodite, a linda deusa grega do amor. Zeuxis concordou, mas então a velha, que era muito enrugada, uma verdadeira anciã, disse que ela seria a modelo da pintura.

Zeuxis não conseguia acreditar naquela senhora, mas apesar de tudo começou a pintura. Ele se sentia perturbado pela situação e, enquanto pintava, pensava no absurdo de tentar fazer aquela pessoa toda enrugada parecer uma linda e jovem deusa. Até que, não conseguindo mais se conter, ele desandou a rir. Riu tanto que acabou morrendo. (Moral: quem ri por último... cai morto!)

Toques finais

Arte-fato antigo

Soberanos da antiguidade, onipotentes e fabulosamente ricos, ordenavam que seus artistas fizessem obras de arte. Esses soberanos faziam, então, com que essas lindas criações fossem enterradas em câmaras subterrâneas seladas. Essas câmaras são conhecidas como tumbas. As obras de arte permaneciam escondidas por anos e anos sem que ninguém pudesse vê-las ou apreciá-las.

Arte-fato moderno

Modernos colecionadores de arte, milionários e todo-poderosos, pagam enormes quantias de dinheiro por maravilhosas obras de arte. Os colecionadores, então, guardam essas lindas criações em câmaras subterrâneas seladas. Essas câmaras são conhecidas como cofres de bancos e áreas de armazenamento de museus. As obras de arte permanecem escondidas por anos e anos sem que ninguém possa vê-las ou apreciá-las.

Em busca da arte: encontre você mesmo!

Cena de banquete pintada em estuque, em cerca de 1400 a.C. – Tirada da Tumba de Netamun, Tebas, Egito. Está no Museu Britânico, Londres, Inglaterra.

Retrato da Princesa Nefertiti – pintada numa laje de pedra calcária, em cerca de 2500 a.C.
Tirada do local de enterro real em Gizé, Egito.
Está no Museu do Louvre, Paris, França.

ARTE ATROZ – SERÁ MESMO?

Agora que você já sabe um pouco mais sobre arte, acha que saberia:

- Como reconhecer uma obra de arte "boa"?
- Como reconhecer uma obra de arte "ruim"?
- Como reconhecer que algo é "realmente" arte?

Às vezes as pessoas têm desavenças violentas sobre arte e chegam até mesmo a se agredir para provar um ponto de vista. A arte realmente pode deixar algumas pessoas nervosas, principalmente se for abstrata (a arte, não a pessoa)... ou se for feita de materiais incomuns ou pouco convencionais... ou se for grosseira!

Como as pessoas reagem à arte que é "fora do normal"?

- Se elas foram bem-educadas, dirão...

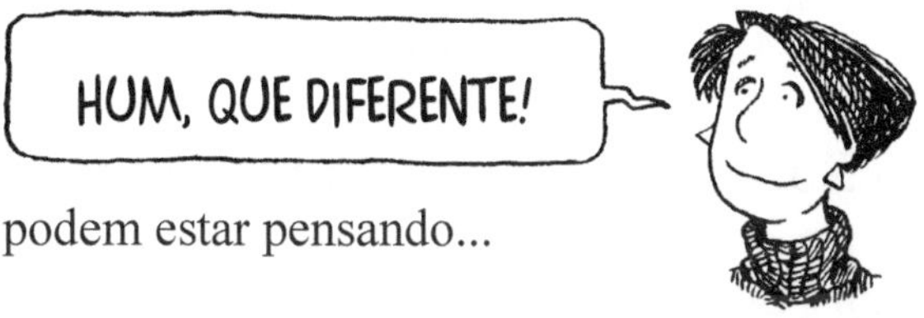

mas podem estar pensando...

- Se forem muito chiques, as pessoas podem dizer...

(Embora ninguém saiba por que elas vão mostrar arte para os cachorros!)

• Se as pessoas não forem educadas nem chiques, podem simplesmente pular para cima e para baixo, trincando os dentes e espumando pela boca, ao gritar:

(E isso é só em relação à moldura!)

Outra pessoa pode bem dizer: "Vocês são uma cambada de ignorantes! É uma obra de arte brilhante!".

Jack, o Gotejador, ataca de novo... de novo... e de novo!

Jackson Pollock (1912-1956) foi um artista cujos quadros, como *Sem Título* (1948) e *Número 30* (1950), fizeram algumas pessoas tremer de prazer... e outras ficar vermelhas (e muitas outras cores).

Pollock, um pintor americano que morava em Nova York, usou materiais realmente pouco convencionais em suas pinturas – materiais que utilizava de modos ainda menos convencionais. Pollock foi um expressionista abstrato. Isso significa que, em vez de pintar nus e paisagens, ele criava pinturas com formas e padrões que não se pareciam com nada conhecido. Em outras palavras, seus quadros eram uma massa multicolorida de gotas, esguichos, borrifos e listras... com alguns borrões espetaculares adicionados para equilibrar a pintura.

Você pode estar se perguntando: "E daí? O que há de tão maravilhoso nisso? Se eu quiser ver esse tipo de coisa, posso simplesmente olhar para a fralda suja do meu irmãozinho!". Mas, por alguma razão estranha, as pinturas de Pollock são muito atraentes e estimulantes. Muitas pessoas, que também gostam de arte mais convencional, acham o mesmo, e vão aos milhares apreciar suas pinturas.

Você também pode achar que os quadros de Pollock são facílimos de se falsificar. Afinal, qualquer idiota pode fazer manchas e listras numa tela... não pode? E um borrão é igual a qualquer outro... não é? Bem, na verdade, não. Durante a década de 1960, alguns anos depois de Pollock morrer num acidente de carro e suas pinturas começarem a ser vendidas por milhares de dólares, algumas pessoas pensaram o mesmo. Elas tentaram falsificar e vender quadros de Pollock, mas as falsificações foram rapidamente descobertas, provavelmente porque as pinturas de Pollock tinham algo de especial – uma qualidade inconfundível que somente ele poderia lhes transmitir.

Quem sabe ele tivesse um estilo inimitável e único de fazer manchas e borrões – da mesma forma que arremessadores de dardo e outros esportistas têm um estilo único? Ainda que Jackson Pollock fosse apelidado jocosamente de "Jack, o Gotejador", quando vivo, muitas pessoas hoje o consideram um verdadeiro gênio artístico.

Manda ver, Jackson!

Antes de começar uma pintura, Pollock primeiro deitava uma tela grande no chão. Depois abria uma lata de tinta que ele deixava escorrer por um bastão sobre a tela. Assim que a tela estivesse coberta, começava a gotejar outras cores por cima. Às vezes, para conferir à pintura uma textura interessante, ele misturava areia ou vidro quebrado às grossas camadas de tinta que cobriam a tela.

Quando Pollock se deixava levar pela imaginação e ficava com poucas opções de materiais, pegava qualquer coisa que estivesse ao seu alcance, como tampinhas das suas bisnagas de tinta a óleo, alfinetes e pedaços de unhas espalhados pelo ateliê. Às vezes ele pegava até bolos de poeira e cabelos dos seus bolsos para juntar à tinta úmida. Coisas como chaves, botões, bilhetes de ônibus, moedas, bitucas de cigarro e fósforos também serviam para compor sua pintura.

Materiais monstruosos

Alfinetes de segurança e bitucas de cigarro não são coisas que as pessoas costumam considerar como material artístico, não é mesmo? Pollock não foi o único a usar objetos esquisitos para fazer arte. Enquanto muitos artistas se contentam em usar materiais tradicionais, como papel e argila, outros fazem o que podem para encontrar algo novo e original para transformar em obra de arte. Em muitos casos, quanto mais estranho, melhor...

Cinco dos exemplos de arte incomum, a seguir, são genuínos. Um é deliberadamente falso – e é tão bobo que você seria idiota se não descobrisse!

1. O guidão e o selim de uma bicicleta. Pablo Picasso usou-os para fazer a escultura de uma cabeça de boi (*pouco depois de ter se envolvido num misterioso acidente de ciclismo*).

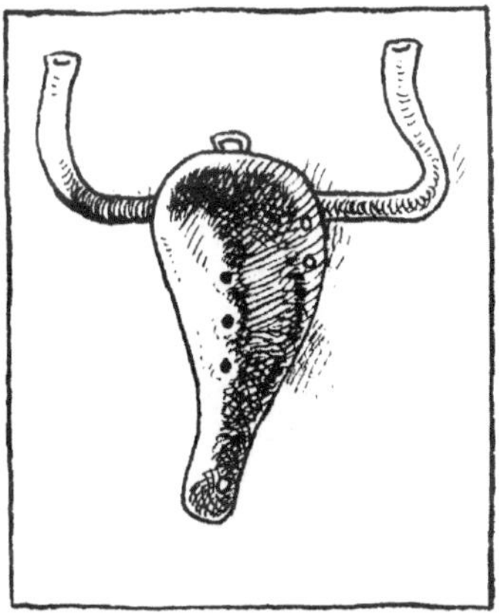

2. Um monte de tijolos. O escultor Carl André (1935-) exibiu sua obra de tijolos na Galeria Tate. Grande parte do público se sentiu ultrajada por essa exposição, mas ela foi de grande inspiração para comerciantes de materiais de construção. Muitos deles ficaram tão impressionados pela obra de Carl que criaram cópias dela em obras por todo o mundo.

3. A pele de uma jiboia (cobra), alguns alfinetes e uma escrivaninha velha. O artista sueco Lars Dieter Olsen apresentou uma peça assim em sua exposição na Galeria Hayward, em 1972. Ele pregou a pele da cobra na tampa da escrivaninha e chamou sua obra de *Rictus*. Ele disse que simbolizava a luta do artista para escapar dos efeitos atrozes de sua educação.

4. Os ursos do zoológico de Chessington, comida de urso e corante alimentício. O artista Peter Kuttner tingiu comida de urso com corante antes de alimentá-los. E o que fez então? Bem... na verdade, nada, a não ser chamar essa performance artística de *O Arco-Íris Comestível.*

5. 250 quilos de batatas. Um artista sul-americano, Victor Grippo (1936-2002), arrumou 250 quilos de batatas numa galeria de arte em Birmingham. Depois ele enfiou um conector nas batatas e ligou-as a um voltímetro. Ele disse que sua obra simbolizava os talentos ocultos. Muita gente achou que os talentos de Victor é que estavam ocultos.

6. Uma grande montanha nos Estados Unidos e muito esforço físico. Gutzon Borglum (1864-1941) esculpiu as cabeças dos presidentes Washington, Jefferson, Lincoln e Roosevelt na encosta do Monte Rushmore. Cada cabeça tem cerca de 28 metros de altura, e o monumento é visitado por pessoas de todo o mundo. O Presidente Lincoln não está muito contente – ele afirma estar até o nariz de ver turistas!

Resposta: Você conseguiu identificar a alternativa deliberadamente falsa e extremamente tola? É a número **3**. Fácil, não é mesmo?

A história de Joseph Beuys e os tártaros compadecidos

Banha, ou gordura, tornou-se o material favorito do artista alemão Joseph Beuys (1921--1986), depois que isso lhe salvou a vida durante a Segunda Guerra Mundial. Joseph serviu na Luftwaffe (Força Aérea Alemã). Durante um ataque na Rússia, seu avião foi abatido pelo inimigo.

Azar do Joseph, que estava dentro do aparelho nessa ocasião. Um grupo de tártaros viajantes (nômades russos) encontrou, ele e o avião abatido, os dois em más condições, na neve.

Os tártaros ignoraram o avião, mas levaram Joseph para suas tendas e, para cuidar de suas feridas e protegê-lo do frio, cobriram-no com gordura animal e envolveram-no depois em feltro. Além de deixá-lo fedido, esse procedimento se mostrou bastante sensato. Joseph sobreviveu e se recuperou graças aos cuidados de seus salvadores.

Quando se sentiu bem o suficiente para voltar para casa, ele se despediu dos tártaros e retornou à Alemanha, onde se tornou um artista mundialmente famoso (não imediatamente, contudo). Mais tarde, memórias dessa experiência lhe deram a ideia de usar parte das coisas que salvaram sua vida como material para suas obras de arte. Ele fez muitas esculturas de gordura e feltro, e deu a essas obras nomes como *Cadeira com Gordura*, *Canto Engordurado* e *Canto Engordurado com Bombas de Bicicleta*, porque elas eram feitas com coisas como... uma cadeira com gordura... gordura num canto... bombas de bicicleta!

AVISO

NÃO ESPALHE GORDURA ANIMAL PELO CORPO, MESMO QUE O INVERNO SEJA MUITO RIGOROSO E O FRIO, INSUPORTÁVEL. AS MANCHAS SÃO TERRÍVEIS DE TIRAR...

Joseph às vezes dormia em pé. Isso porque ele tinha sido ferido cinco vezes durante a guerra, e seu corpo estava cheio de fragmentos dolorosos. Ele também tinha cicatrizes terríveis e provavelmente não gostava de exibi-las como parte de sua arte... ao contrário de alguns artistas...

Fazendo uma exposição com seu próprio corpo

Muitos artistas são tão inspirados pelo corpo humano que o usam como matéria-prima para suas obras. Às vezes usam o próprio corpo, mas também usam o corpo dos outros... e se metem em problemas.

1. O artista americano Jasper Johns (1930-) fez moldes de algumas das partes mais íntimas de seu corpo e depois mostrou para o público em exposições de arte. Mostrou os moldes, não os originais! Ele incorporou réplicas coloridas de suas partes íntimas em quadros como *Target with Plaster Casts* (*Alvo com Moldes de Gesso*), pintado em 1955.

2. Em 1994, uma jovem artista tirou a sua roupa e cobriu o corpo com chocolate derretido. Quando o chocolate endureceu, ela obteve um molde perfeito do próprio corpo. Ela exibiu esse molde de chocolate, que era seu trabalho de conclusão de curso, numa exposição da faculdade. Durante a exposição, um visitante faminto comeu seu cotovelo!

3. Em 1995, uma estudante inglesa de arte quis fazer o molde de um homem nu e convidou um amigo para ser o modelo. Ele aceitou, e ela o cobriu da cabeça aos pés com gesso. Infelizmente, a estudante usou o tipo errado de gesso! Ela deveria ter usado gesso artístico, mas escolheu aquele que pedreiros utilizam no acabamento de paredes. Quando tentou tirar o molde, ele não saiu! Tinha endurecido, e seu amigo ficou enfurecido.
A estudante chamou os bombeiros, que correram com a estátua para um hospital.

Depois que o rapaz recebeu analgésicos, os médicos chamaram um especialista para salvá-lo: um pedreiro que, com marreta e talhadeira, começou a quebrar o gesso.

4. O artista francês Yves Klein (1928-1962) pareceu meio confuso quando quis pintar nus. Em 1961, quando suas jovens modelos tiraram as roupas, ele pintou de azul... o corpo delas! Quando estavam cobertas de tinta, ele pressionou seus corpos contra telas. Aparentemente, as pinturas causaram uma grande impressão... assim como as modelos.

5. A artista libanesa Mona Hatoum (1952-) decidiu que os amantes da arte gostariam de uma oportunidade de conhecê-la melhor por dentro e por fora. Assim, ela pediu a médicos que fizessem um filme do interior de seu corpo... mas não com uma câmera de vídeo normal! Os inteligentes médicos fizeram o serviço com uma câmera minúscula usada em microcirurgias, acionada por controle remoto. Mona gostou tanto do resultado que projetou o filme no chão da Galeria de Arte Tate, na Inglaterra, como sua participação numa competição artística.

6. Os artistas britânicos Gilbert e George – Gilbert Proesch (1943-) e George Passmore (1942-) – frequentemente usam a si mesmos como material artístico. Eles são conhecidos como "esculturas vivas" e apenas... ficam em pé. Quando estão se sentindo cheios de energia, podem até se mover um pouquinho. Em 1971, numa galeria de Nova York, eles fizeram uma exposição em que cobriram seus rostos com vaselina e pó de cobre brilhante e ficaram imitando movimentos de robôs ao som da música *Underneath the Arches.*

Nunca se sabe, você pode ter uma escultura viva na sua própria escola, e ela pode valer uma fortuna!

Às vezes Gilbert e George expõem pelos ou cinzas de cigarro em galerias de arte como parte de uma "exposição". É de espantar que esses preciosos objetos de arte não acabem na lata de lixo – pois são o tipo de coisa que as pessoas costumam jogar fora. Bem, as limpas, pelo menos. No mundo da arte é difícil encontrar a diferença entre lixo... e lixo!

"Esqueça da arte, Zé! Temos de limpar a galeria!"

Michael Landy (1963-) faz "instalações". Mas ficaria um pouco ofendido se você pedisse para ele instalar seu fogão ou condicionador de ar. Michael é um artista que faz "instalações" criativas de objetos em galerias. Apreciadores de arte observam suas obras e dizem coisas como "Essas... err... coisas artísticas são... realmente, err... artísticas, não são?".

Mas faxineiros dizem apenas "que monte de sujeira!" e jogam tudo na lata do lixo.

Foi exatamente isso que aconteceu quando os faxineiros se depararam com um dos novos trabalhos de Michael. O que não foi surpresa alguma. A "instalação" era uma lata cheia de lixo – e o pessoal da limpeza só estava fazendo seu trabalho, não é mesmo?

Essa não foi a primeira vez que esse tipo de coisa aconteceu. O problema de faxineiros jogando arte fora porque pensaram que era lixo tornou-se tão comum que algumas galerias agora têm de etiquetar as coisas como "arte" ou "lixo".

Isso responde a algumas questões do começo deste capítulo, não responde? Se você quiser ter certeza de que algo é realmente arte, leia o rótulo!

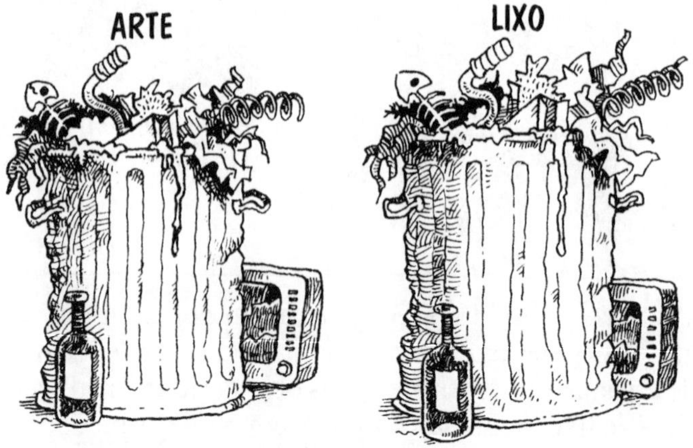

Se os frequentadores de galerias pensavam que as ideias de Michael Landy sobre arte e lixo eram um tanto ousadas e não convencionais, o que diriam da artista francesa Orlan (1947-) e suas ideias a respeito de arte e... cirurgia plástica?

AVISO

NÃO LEIA SE VOCÊ FOR DE NATUREZA DELICADA OU TIVER ACABADO DE COMER!

Orlan é uma espécie de escultora... mas ela não gasta horas entalhando coisas tediosamente antigas como blocos de granito ou mármore – isso é para fracotes! Orlan entalha seu próprio rosto. Ou, para sermos mais exatos, ela paga um cirurgião plástico para entalhar e esculpir. Ela apenas tem as ideias – e o rosto. Quando tem uma inspiração artística, Orlan aparece na clínica de cirurgia plástica do bairro para remodelar seu rosto e ficar parecida com suas pinturas favoritas.

A lista de compras de Orlan

Assim, hoje é possível ver partes de pinturas famosas no rosto de Orlan... e ela ainda tem seu próprio par de graciosos chifrinhos – estilo Bambi!

Orlan procura garantir que o mundo da arte não perca nenhuma de suas estimulantes cirurgias; elas são transmitidas ao vivo, incluindo os cortes sangrentos em seu rosto, para galerias de arte em todo o planeta. Críticos sortudos e estudantes de artes sérios podem saborear a visão do bisturi do médico fatiando a carne de Orlan (de modo bem artístico, é claro) e o espetáculo de seu sangue jorrando pelo "teatro" de operações (ainda mais artisticamente). Enquanto a cirurgia é realizada, críticos e estudantes são convidados a enviar sugestões, por fax, sobre as partes que ela deve alterar em seguida.

Quem puder pagar cerca de 10 mil dólares ainda leva um vídeo da coisa toda para casa. Será que os compradores gostam de assistir às reprises dos talhos e gritar "Corta!" no momento adequado?

Quando o trabalho termina, nada vai para o lixo – pedaços de Orlan (toucinho da barriga... filé de coxa) são preparados em conserva e enviados para apreciadores da arte (ou canibais *gourmets*?), custando uns poucos milhares de dólares por porção. São uma pechincha! Se você tiver a sorte (ou o azar) de ser uma celebridade mundialmente famosa como Madonna, nem vai precisar pagar por um pedaço de Orlan. Madonna recebeu um pedaço da coxa da artista depois que se encontraram num programa de entrevistas na TV.

Como obter o máximo da sua art(éria)

Bem, você deve achar que não pode existir Arte mais Atroz que a de Orlan... não é? Se houvesse um aparelho que pudesse medir a pura *atrocidade* da Arte Atroz, talvez o projeto interessante, mas também assustador, de Marc Quinn (1964-) fizesse o ponteiro desse aparelho chegar ao nível máximo. A arte está no sangue de Marc Quinn – e o sangue de Marc Quinn está na arte! Marc está, neste momento, dando uma entrevista para Jônatas Babalu, do programa de TV *Tudo pela Arte.* Vamos acompanhar:

4
AH, SIM! E O QUE VOCÊ FEZ DEPOIS, MARC?
BEM, JOJÔ, VOCÊ CONHECE AQUELA MASSA DE DENTISTA?
5
É ALGUMA ORGANIZAÇÃO OU UM SINDICATO?
MASSA DE DENTISTA, JÔNATAS! AQUELA COISA PEGAJOSA QUE SE USA PARA FAZER MOLDE DE DENTES! EU USEI UM POUCO DAQUILO.
6
ENTENDO! VOCÊ ESTAVA QUERENDO FAZER NOVOS DENTES – ÓTIMA IDEIA. E DEPOIS?
COBRI MINHA CABEÇA COM ESSA MASSA, JOJÔ.
7
VOCÊ COBRIU... TODA A SUA CABEÇA, MARC?
ISSO! EU FIZ UM MOLDE DA MINHA CABEÇA.
8
E PARA QUE VOCÊ QUERIA UM MOLDE DA SUA CABEÇA?
PARA DESPEJAR MEU SANGUE DENTRO, CLARO! VOCÊ NÃO ENTENDE?
9
ECA! PARA QUÊ?
PARA PODER LEVAR PARA UMA GALERIA DE ARTE!

Materiais monstruosos 2

Agora que você já leu a respeito dos materiais e maneiras incomuns de que alguns artistas se utilizam para fazer suas obras, não terá dificuldades para encontrar a obra de arte deliberadamente tola e falsa que escondemos na próxima seleção de "materiais monstruosos". Ela é tão falsa que dá para vê-la a um quilômetro de distância.

1. Ovos de galinha numa incubadora. O artista alemão Hans Haake colocou esses itens em exposição, em 1969. Depois de uma pesquisa exaustiva na qual cozinhou seu cérebro, ele deu à obra o título inspirado de... *Pintinhos Nascendo*. Depois ele provavelmente tirou férias para descansar.

2. Muito dinheiro. Um artista chinês colocou todas as economias de sua vida em exposição numa galeria de arte de Londres, em 1994. Os visitantes ficaram tão impressionados e animados pela obra de arte que a levaram para casa!

3. Três aparelhos de televisão e um violoncelista. Em 1971, o escultor Nam June Paik (1932-2006) fez um violoncelo com três TVs e algumas cordas de "celo". Então colocou um famoso violoncelista tocando esse "instrumento".

4. Uma velha, um boné de beisebol e granola. O artista perfor-mático Ron Rogers exibiu sua avó de 82 anos, Ivy, comendo granola em um boné de beisebol no festival de Edimburgo de 1988. Ele chamou a exposição de *Envelhecendo*, e recebeu o primeiro prêmio por sua originalidade. (Então ele deu mais granola para sua avó... por ser uma boa modelo!)

5. Três pilhas de jornal queimado foram expostas pelo conhecido artista alemão Reiner Ruthenbeck (1937-). Você provavelmente ficará fascinado ao saber que essa escultura tinha quase dois metros de comprimento. Lembre-se dessa intrigante informação e revele-a no momento oportuno durante uma aula de arte. Sem dúvida você se sentirá recompensado pelo silêncio pasmo e aclamador de seus colegas de classe e professor.

6. Um bode empalhado e um pneu. Esses itens foram expostos pelo artista americano Robert Rauschenberg (1925-2008). O pneu cingia o bode empalhado. Foram necessários quatro anos para completar essa obra, o que parece tempo demais. Mas... provavelmente o que demorou foi empalhar o bode.

7. Pão e cuspe. O escultor Dusan Kusmic fez um par de sapatos em miniatura com pão misturado a seu próprio cuspe.

8. Orvalho e grama. Chris Parsons, da Inglaterra, acorda bem cedo para poder fazer sua arte. Ele usa um esfregão (de limpeza) para desenhar enormes padrões abstratos na umidade que se deposita nos gramados das pessoas durante a noite.

Resposta: 4, mas você já tinha descoberto, não tinha? Muito bem! Só um completo panaca teria errado essa, não é mesmo?

Um estimulante projeto criativo para fazer em casa numa longa noite de inverno

Toda essa conversa de materiais estranhos e maravilhosos e a imaginação frequentemente bizarra dos artistas provavelmente deve ter deixado você em desespero para tentar um exercício criativo só seu. Aí vai uma sugestão de um pequeno projeto que você pode fazer em casa, no seu tempo livre. Parte da matéria-prima é um pouco incomum e pode ser difícil de obter. Que tal você pedir a ajuda de um adulto, de preferência alguém famoso, como o artista britânico Damien Hirst? Durante a década de 1990, Damien consolidou a fama de artista original e imaginativo, cujo trabalho força os limites da criatividade.

Você vai precisar de:

Filme plástico (aquele usado para embalar alimentos), uma tesoura (por favor, tenha cuidado com ela), uma serra de cadeia realmente potente, meia dúzia de baldes de plástico, um tubarão assassino, dois ou três sacos de lixo, uma ovelha, canetas hidrográficas, um macacão de plástico, um par de luvas de borracha, uma vaca, muito jornal velho, cola realmente forte (mas do tipo seguro!), muitas centenas de galões de fluido para embalsamar, uma escada de pintor, papel adesivo com cores brilhantes, um par de botas de borracha e três tanques de vidro bem grandes. Como assim, você mudou de ideia e prefere continuar ligando os pontos? Não seja covarde! Você é um artista!

O que você precisa fazer:

1. Tranque a porta da frente e feche todas as cortinas. Vista o macacão, luvas e botas.

2. Isso é fácil. (Serve de treino para a parte difícil que vem depois.) Encha os tanques com fluido de embalsamar e coloque dentro deles o tubarão e a ovelha. Não, não juntos! Como assim, "a ovelha não quer mergulhar?". Ela deveria estar morta! Vai me dizer que não sabia disso?

3. Agora, a parte principal. Não vai ser fácil, e você pode precisar de ajuda. Depois de se certificar que a vaca é da variedade não viva, corte-a da cabeça até a cauda com a serra de cadeia... de modo a obter duas metades simétricas... não, você não vai usá-las para segurar livros na estante! Cuidado com os dedos! Pronto, muito bem.

A esta altura você está começando a perceber que é necessário ser incrivelmente "sensível" e "caridoso" para ser um artista. Tudo bem, está fazendo um pouco de sujeira, mas acontece o mesmo com pintura a dedo! Você forrou o carpete da sala com bastante jornal, não forrou? Ah, você esqueceu! Droga, o que sua mãe vai dizer?

4. Esta é a parte ardilosa. Você tem de pôr uma das metades da vaca dentro do tanque sem deixar cair nenhuma "peça" de dentro dela. É aí que entra o papel filme. Use bastante. Muito bem. Preparar, apontar... levantar! É divertido, não acha? Parece até um programa de televisão, um *reality show.* Você deixou cair *o quê*? Bem, pegue e coloque no lugar! Como assim, não se lembra onde encaixa? Tudo bem, jogue no saco de lixo, então!

5. E agora? Bem... nada, na verdade. É isso, meia vaca num tanque de líquido fedido... sua própria obra-prima! Tudo o que você tem a fazer agora é criar um título com o papel colorido e as canetas hidrográficas. Que tal *Só Precisei de Meio Muuu* ou *Cadê o Leite*? Sua família vai ficar sem palavras quando vir como você foi criativo. E pode até querer ficar com sua obra. Se não quiser, você pode mandá-la para a Galeria Tate, em Londres. Foi o que Damien fez, e ele ganhou mais de 34 mil dólares! Se você quer saber como Damien atingiu o estrelato, continue lendo.

Dados dinâmicos de Damien

- Em 1989, um artista não muito conhecido, Damien Hirst (1965-), pôs frascos de remédios e pílulas em um armário de banheiro. Ele chamou sua "obra" de *My Way* (*Meu Jeito*) e colocou-a em exibição na mostra *Novos Contemporâneos,* em Londres. O conhecido colecionador de arte Charles Saatchi pagou milhares de dólares pela obra. Por que ele não foi à farmácia? Sairia mais barato...

- Em 1990, Damien pôs moscas e carne em putrefação dentro de uma grande caixa de vidro. As moscas voavam felizes, fizeram amizade, puseram ovos e se divertiram muito. Então foram mortas por eletrocussão por uma espécie de cadeira elétrica para moscas malcomportadas. Essa "instalação", que Damien chamou de *Mil Anos*, foi comprada pelo conhecido colecionador de arte Charles Saatchi por 50 mil dólares. Tudo isso por um churrasco! E a conta bancária de Damien ia engordando!
- Em 1992, Damien pôs um tubarão-tigre (morto) num tanque de plástico cheio de fluido de embalsamar e chamou sua "obra" de *A Impossibilidade Física da Morte na Mente de Alguém Vivo* (Por que não apenas *Tubarão?*). O conhecido colecionador de arte Charles Saatchi pagou 95 mil dólares pela obra de Damien.

- Damien pegou uma ovelha e a chamou de *Longe do Rebanho*. O conhecido colecionador de arte Charles Saatchi comprou-a por 43 mil dólares.
- Em 1995, Damien pôs meia vaca num tanque cheio de fluido de embalsamar e meio bezerro num tanque cheio de fluido de embalsamar. Ele inscreveu as duas obras na competição Prêmio Turner, da Galeria Tate... e venceu.

- Enquanto o vencedor recebia o cheque, como prêmio, Damien disse: "É espantoso o que se pode fazer com um 'E' em arte de nível A, uma imaginação pervertida e uma serra de cadeia".

Toques finais

Após ler este capítulo você pode continuar um pouco confuso sobre como reconhecer o que é arte genuína e o que é simplesmente uma enorme travessura feita com o público por um malandro criativo. Você também pode se perguntar como saber a diferença entre arte de boa e de má qualidade. Bem, por que não ignorar os rótulos e a polêmica que geralmente acompanham tudo o que é "novo" ou "diferente" e tirar sua própria conclusão? Se você gostar de uma obra de arte ou se achá-la estimulante, será arte de boa qualidade. Por outro lado, se você topar com algo que julga atroz ou revoltante, isso não significa que aquilo não seja arte ou, ainda, que seja arte de má qualidade. Outras pessoas podem achar aquela peça maravilhosa, e portanto, para elas, será arte de qualidade. Lembre-se: a *Mona Lisa* de uma pessoa pode ser... a testa de outra?

Em busca da arte: encontre-a você mesmo!

Jackson Pollock – *N.º 27* - Whitney Museum of American Art – Nova York – www.whitney.org

Nam June Paik – *Tv Buddha* - Stedeljik Museum – Amsterdã, Holanda – www.stedeljik.nl

Jasper Johns – *Zero Through Nine* – 1961 – Tate Gallery – Londres – www.tate.org.uk

Robert Rauschenberg – *Retroactive* – 1964 – Wadsworth Atheneum – Hartford, EUA – www.wadsworthatheneum.org

Idem – *Monogram* (aquele do bode!) – Moderna Museet – Estocolmo, Suécia – www.modernamuseet.se

Wesley Duke Lee – *O Helicóptero* – 1967/1969 – Museu de Arte de São Paulo, Brasil – www.masp.art.br

EPÍLOGO

Quando os pintores de caverna pré-históricos fizeram seus primeiros desenhos, não tinham ideia de que estavam fazendo obras de arte. Esses primeiros artistas estavam fazendo algo que lhes ocorria tão natural e automaticamente como a vontade de ir ao banheiro... ou de correr de um tigre-dentes-de-sabre. E, quando os habilidosos artesãos de civilizações antigas criaram lindos adornos para templos e túmulos, também não estavam fazendo arte – eles estavam apenas usando seu talento para fazer o trabalho que lhes tinha sido ordenado.

Desde tempos longínquos fazemos algo que nos ocorre naturalmente, e demos a essa atividade criativa o nome de **arte**. Agora que sabemos *exatamente* sobre o que estamos falando, tudo se torna ridiculamente simples... não? Bem... talvez não. Arte é um nome muito pequeno para um assunto tão grande. Tão grande que seria impossível fazê-lo caber por inteiro num livro – essa é uma das razões pelas quais este livro se concentrou em apenas algumas áreas da arte ocidental... e indelicadamente ignorou o resto do mundo (desculpe, resto do mundo, eu não queria ofender).

Não importa onde a arte ocorra, você pode estar certo de que ela vai significar um *monte* de coisas diferentes para um *monte* da gente diferente. Algumas pessoas querem que sua arte desafie e perturbe o público, de modo que, pelo choque, ela nos faça repensar algumas de nossas ideias mais tediosas e confortáveis sobre o mundo.

Outras pessoas preferem que a arte seja bela, reconfortante e animadora – para que torne o mundo mais agradável e seguro.

Ainda bem que os artistas não concordam sobre como a arte deve ser. Se concordassem, tudo seria horrivelmente parecido e maçante, não é mesmo?

Para Joseph Beuys, a arte sempre foi apenas um pensamento perturbador, que é expresso por meio de uma série de ações ou da disposição de objetos, algo que ele projetava para fazer as pessoas ficar alertas e reparar na esquisitice geral do nosso mundo. Henri Matisse (1869-1954) preferia que seu público relaxasse e desfrutasse das formas e cores do mundo que o rodeava. Ele pintava quadros vivos e vibrantes e dizia: "Arte deve ser como uma cadeira confortável". Ele provavelmente não acharia a *Cadeira com Gordura*, de Joseph, confortável. Quem sabe a arte deva ser aquilo que queiramos que ela seja?

- Para você, ela pode ser algo a ser evitado para sempre (depois de ler este livro?). Por outro lado, pode ser algo que dará muito prazer pelo resto da vida!
- Para seu professor, arte pode ser apenas "não tão importante quanto as outras matérias" da escola, sendo sempre deixada em segundo plano (vamos esperar que não!).
- Para os admiradores de Carl André, Marc Quinn e Orlan,

arte provavelmente é algo como um monte de tijolos ou uma cabeça feita de sangue congelado.

- Se você for um admirador de Vermeer, arte pode ser uma pintura a óleo do século XVII retratando uma mulher tocando um instrumento, iluminada pela luz que atravessa um vitral e destaca os lindos detalhes de seu vestido.
- E, para pessoas como Vincent van Gogh, Mona Hatoum, Stanley Spencer e todos os outros (talvez você também?), arte significa um "meio de vida" – algo que está programado no disco rígido de seu cérebro –, algo que eles não conseguem evitar – algo que pode tornar os artistas ligeiramente desajustados... ou isolados, pela desaprovação de outras pessoas... ou incrivelmente ricos e famosos!